Philippa Rath / Burkhard Hose

Meine Hoffnung übersteigt alle Grenzen

Philippa Rath / Burkhard Hose

Meine Hoffnung übersteigt alle Grenzen

Ein Gespräch über Leben und Glauben

Herausgegeben von Johanna Beck und Stephan Langer

HERDER

FREIBURG · BASEL · WIEN

MIX
Papier | Fördert gute Waldnutzung
FSC® C014496

www.herder.de
Umschlaggestaltung: Verlag Herder
Umschlagmotiv: © Julia Seinbrecht / KNA (Sr. Philippa Rath),
© wunderlichundweigand / Katharina Gebauer (Burkhard Hose)
Satz: Barbara Herrmann, Freiburg
Herstellung: GGP Media GmbH, Pößneck
Printed in Germany
ISBN Print 978-3-451-39953-4
ISBN E-Book (E-Pub) 978-3-451-84953-4

Inhalt

Einleitung

„Mit welcher Person unserer Zeit würden Sie gerne einmal diskutieren?" So lautet eine der Rubriken in der Zeitschrift „Christ in der Gegenwart", bei der wir beide arbeiten. Jeden Monat legen wir dieses Format einem Lehrer, einer Lehrerin der Theologie vor. Und natürlich haben wir auch selbst eine entsprechende Hitliste an Gesprächspartnern im Kopf. Da gibt es gemeinsame Favoriten, die stets aktuell bleiben, wie etwa – wenig überraschend – Papst Franziskus. Darüber hinaus hat jeder von uns interessante und inspirierende Menschen im Blick, mit denen wir gerne einmal intensiver ins Gespräch kommen würden.

Die Benediktinerin Philippa Rath und der Hochschulpfarrer Burkhard Hose stehen bei uns beiden schon lange und beständig ganz oben auf der Liste der erträumten Interviewpartner. Wer die gegenwärtigen katholischen Debatten im deutschsprachigen Raum verfolgt, kommt an den beiden nicht vorbei. Nicht weil sie sich in den Medien nach vorne drängen würden. Im Gegenteil: Sie machen gerade dadurch Schlagzeilen, dass sie glaubwürdig, klar und bescheiden auftreten. Bei Schwester Philippa war das zuletzt im Umfeld des Synodalen Wegs zu erleben, Burkhard Hose ist eine der führenden Persönlichkeiten bei #OutInChurch, der Initiative queerer Menschen in der Kirche. Mit ihrem Engagement sind Burkhard Hose und Schwester Philippa für viele Menschen zu Hoffnungsträgern geworden.

Die innere Freiheit und Ruhe, die beide ausstrahlen, lassen fast automatisch nach dem Grund dieser großen Unabhängigkeit fragen. Als wir im Verlag überlegten, ein

Glaubensbuch herauszubringen, kamen uns deshalb sofort diese beiden in den Sinn. Aber warum ein Glaubensbuch? Ganz einfach, weil wir das Gefühl hatten: Es braucht jetzt nicht mehr das soundsovielte Buch über allfällige Kirchenreformen. Die theologischen Argumente dazu sind längst ausgetauscht, zum Teil liegen sie schon seit Jahrzehnten auf dem Tisch. Wobei es natürlich auch weiterhin wichtig bleibt, für eine Öffnung der katholischen Kirche zu kämpfen – nicht zuletzt, um sexualisierte Gewalt und geistlichen Missbrauch in der Zukunft möglichst zu verhindern.

Aber wir sind eben auch überzeugt: Wir müssen jetzt den Kern des christlichen Glaubens wieder freilegen und in die Zukunft tragen. Die Menschen brauchen Nahrung für die Seele und Quellen, aus denen sie Hoffnung schöpfen können. „Kirche und Reich Gottes sind nicht deckungsgleich", hat Burkhard Hose bei unseren Gesprächen wiederholt gesagt. Und genau darum geht es. Wir wollen nicht die Kirche retten – so sehr wir auch glauben, dass Glaubensweitergabe ganz ohne Kirche nicht funktioniert. Sondern wir wollen ermutigen. Wir wollen darlegen, warum ein Leben in den Spuren Jesu sinnvoll ist und wie es konkret aussehen kann – nämlich sehr verschieden. So viele Menschen dürsten derzeit nach einer Hoffnung, die trägt! Zusammen mit Philippa Rath und Burkhard Hose sind wir überzeugt, dass unser christlicher Glaube genau diese Hoffnung bereithält. Nicht abstrakt, sondern ganz konkret, mitten im Leben. Die Welt muss nicht so bleiben, wie sie derzeit ist. Dafür hat Jesus, der Christus, Zeugnis abgelegt; dafür stehen Schwester Philippa und Burkhard Hose; und davon wird in diesem Buch ausführlich erzählt werden.

Deshalb sind wir mehrfach hingefahren: nach Würzburg in die Hochschulgemeinde mitten in der Stadt. Immer kam uns Burkhard Hose schon freundlich lächelnd entgegen, wenn er von unserer Ankunft hörte. Er hat uns ein bisschen herumgeführt: durch das moderne Ensemble mit Kapelle, klösterlich anmutendem Innenhof ... In seinem Büro warteten dann Dora, seine liebe Hündin, und ein einfacher, aber liebevoll gerichteter Vespertisch.

Sr. Philippa haben wir in der geschichtsträchtigen Abtei St. Hildegard getroffen, in Eibingen, oberhalb vom arg touristischen Rüdesheim am Rhein. Auch dies ein Kraftort, freilich ganz anderer Art. Kaum ist der Besucher, die Besucherin dort, tauchen sie ein in die „große Stille“, in eine sehr besondere Atmosphäre. In einem kleinen Eckzimmer haben wir uns unterhalten, nur die Glocke der Abtei drang immer mal wieder zu uns durch, erinnerte unaufdringlich an den zeitlichen Rahmen.

Diese Begegnungen, immer über mehrere Stunden hinweg, waren für uns äußerst beeindruckend. Burkhard und Sr. Philippa – auch in unseren Gesprächen sind wir irgendwann zum vertrauten „Du“ gewechselt – erzählten sehr persönlich und bewegend. Sie haben uns sehr nah „rangelassen“, auch an ihre eigenen Hoffnungsquellen. So ist am Ende ein Buch entstanden, das ehrlich ist, das in die Zukunft weist – und das hoffentlich auch Sie, liebe Leserin, lieber Leser, so inspiriert, ermutigt und stärkt, wie es uns beiden ergangen ist.

Johanna Beck, Stephan Langer

Dass Geschlechtergerechtigkeit sein möge – Ein Gespräch beginnt

Wir fangen an. Gemeinsam. Zwar sind Sr. Philippa Rath und Burkhard Hose zwei Menschen mit sehr individuellen, auch recht unterschiedlichen Glaubenswegen. Aber es verbindet sie das Engagement für einen zeitgemäßen Glauben und eine gerechtere Kirche, ihr Einsatz für marginalisierte Gruppen. Bald merken wir: Die Verbundenheit der beiden geht weit über die inhaltliche Ebene hinaus. Wir spüren eine Vertrautheit, eine tiefe Freundschaft, eine Verbundenheit in der Hoffnung – und erleben einen lebendigen Austausch.

***

Sr. Philippa und Burkhard, ihr kennt euch noch gar nicht so lange. Wie habt ihr zusammengefunden?

Sr. Philippa: Nach dem Erscheinen des Buches *„Weil Gott es so will"* mit 150 Lebenszeugnissen von Frauen, die sich zur Priesterin oder Diakonin berufen wissen (Freiburg 2021), kam in mir der Gedanke auf, einen Komplementärband mit Stimmen von Kirchenmännern herauszugeben. Ich hatte sehr viel Resonanz auf das erste Buch hin bekommen, auch von Männern, die sich bedankten und mir schrieben: Wie können wir uns solidarisieren mit dem berechtigten Anliegen der Frauen?

So entstand der Gedanke dieses „Männerbuchs". Meine Überlegung war: Wenn ich Männer der Kirche darum bitte, einen Beitrag zu schreiben, dann wäre es sicher sinnvoll, einen männlichen Mitherausgeber zu finden, möglichst einen Priester. Und das sollte natürlich ein aufgeschlossener, frei denkender Mensch und auch ein Stück weit ein bekannter Name sein. Da fiel mir sehr schnell Burkhard Hose ein. Ich kannte seine Bücher. Ihn persönlich kannte ich damals noch nicht. So habe ich zum Telefon gegriffen und ihn angerufen. Ich war erstaunt, dass er sofort zusagte. Das war die Initialzündung für unseren gemeinsamen Weg. Ich spürte damals gleich, dass da eine innere Verbindung da war. Ich war gerade in Urlaub auf der Reichenau. Burkhard kam von Würzburg aus auf die Insel, an einem wunderschönen Spätsommertag. Dort haben wir gemeinsam eine Liste mit 105 potenziellen Autoren erstellt und diese dann eingeladen, an unserem „Männerbuch" mitzuarbeiten.

Burkhard: Dass ich so spontan dabei war, lag vor allem an meinem Vertrauen in deine Person, Philippa. Wir kannten uns zwar nicht persönlich, aber ich habe dich natürlich wahrgenommen, etwa mit deinem beeindruckenden Eingangsstatement bei der Eröffnung des Synodalen Wegs. Damals hast du gesagt: „Ich liebe unsere Kirche, aber ich leide auch an ihr und nicht selten schäme ich mich für sie." Und: „Ich stehe hier vor allem für viele Frauen, auch Ordensfrauen, die sich mehr Mitbeteiligung und Mitverantwortung in unserer Kirche wünschen – nicht als Lückenbüßer, nicht als Almosen, sondern als verbrieftes Recht in Anerkennung ihrer gleichen Würde."

Hinzu kam: Ich war innerlich schon länger mit der Frage beschäftigt, wie ich mich in meiner privilegierten Position als Priester in dieser Kirche solidarisch mit den Frauen zeigen könnte – ohne bloß paternalistisch zu erzählen, wie wichtig Frauen sind, wo es sie braucht oder wo sie fehlen. Solche Erzählungen, die nett klingen, kennen wir aus dem Mund von Kirchenmännern zur Genüge. Sie ändern substanziell aber weder etwas an der ungerechten Zurücksetzung, die Frauen erfahren, noch an der privilegierten Bevorzugung der Männer bzw. der Priester-Männer.

Regelrecht umgetrieben hat mich in dieser Hinsicht eine Erfahrung, die ich wenige Monate zuvor bei einer Veranstaltung von Maria 2.0 gemacht hatte. Ich war zu einer Lesung in Köln eingeladen. In der anschließenden Diskussion hatten mich Besucher:innen der Veranstaltung darauf angesprochen, was ich denn eigentlich persönlich als Mann, der ein kirchliches Amt innehat, dazu beitragen würde, dass sich jetzt mal die Kirchenmänner zusammenschließen und für Gerechtigkeit eintreten. Ich habe mich damals irgendwie herausgewunden. Von da an hatte ich das Gefühl, so etwas wie einen Auftrag erhalten zu haben, dem ich mich nicht entziehen konnte. Und das hat mich nicht in Ruhe gelassen. Da kam dann deine Anfrage, die genau in diese Beunruhigung hineingefallen ist. Das hat mir die Möglichkeit gegeben, die zu Recht eingeforderte Solidarisierung der privilegierten Kirchenmänner mit den Frauen anzugehen und mich dafür persönlich zu engagieren. Es war so, als hätte tatsächlich noch ein konkreter Anstoß gefehlt. Und dann kam dein Anruf, der genau in diese Richtung zielte. Wir haben uns sofort in diesem Punkt verstanden.

Sr. Philippa: Der Gedanke, dass das Priestertum für die Männer ein Privileg ist, war mir vorher so nie gekommen. Darauf bin ich erst durch unser erstes Gespräch aufmerksam geworden. Seitdem ist das ein Thema, das mich sehr beschäftigt. Privilegien sollte es in der Kirche nicht geben. Schritt für Schritt hat sich dann unser gemeinsames Ziel der Gerechtigkeit herauskristallisiert: dass Geschlechtergerechtigkeit sein möge, nicht nur in der Gesellschaft, sondern auch in der Kirche. Es stünde ihr so gut an und entspräche so sehr der Botschaft Jesu, gerade in dieser Frage beispielgebend voranzugehen, statt den gesellschaftlichen Entwicklungen hinterherzulaufen. Wie entscheidend könnte sich die Welt zum Guten verändern, wenn Frauen und Männer überall die gleiche Würde und die gleichen Rechte hätten!

Burkhard und ich haben uns also in unseren Herzensanliegen und in unserem Engagement sehr gut ergänzt. Es war eine bereichernde und fruchtbare gemeinsame Zeit, eine Weggemeinschaft und Freundschaft auf Entfernung. Wir sehen uns kaum und wenn, dann nur bei offiziellen Anlässen. Aber ich habe immer das Gefühl, dass wir uns schon immer gekannt haben.

Unser Männerbuch *Frauen ins Amt! Männer der Kirche solidarisieren sich* wurde dann auch tatsächlich eine wunderbare Ergänzung zum ersten Band *„Weil Gott es so will"*. Wenn ich heute immer wieder einmal den ein oder anderen der Autoren treffe, zum Beispiel im Synodalen Ausschuss oder bei Veranstaltungen, dann erinnere ich sie gern daran, was sie vor drei Jahren geschrieben haben. Manche haben das nämlich leider schon allzu schnell wieder vergessen …

Burkhard: Vergessen kann man das eigentlich nur, wenn man sich nicht wirklich auf den persönlichen, ich möchte beinahe sagen emotionalen Ansatz eingelassen hat, den wir den männlichen Autoren ans Herz gelegt haben. Uns war wichtig – neben der argumentativen und kognitiven Auseinandersetzung mit dem Thema –, die Männer biografisch anzusprechen. Wir haben ihnen gesagt, wir wollen von ihnen keine theologischen Abhandlungen. Theologisch ist alles längst geschrieben und nachzulesen. Deshalb haben wir die Autoren eingeladen: Schreiben Sie etwas dazu, an welchem Punkt in Ihrer Lebensgeschichte Sie persönlich gespürt haben, dass es ungerecht zugeht. Das ist mir seither immer wichtiger geworden: Der Wandel setzt tatsächlich dort ein, wo Kirchenmänner der Veränderung nicht nur kognitiv zustimmen, sondern die Notwendigkeit, dass sich etwas ändern muss, emotional, sozusagen am eigenen Leib erfahren.

Und du, Philippa, hast auch einen großen Anteil daran, wie ich mein Priesteramt in dieser Kirche heute interpretiere. Ich ringe damit, warum ich überhaupt ein Amt habe und auch gerne in der Kirche bleiben will. Heute empfinde ich es fast wie eine erweiterte oder neue Berufung, das Amt im Amt, soweit es mir möglich ist, umzuprägen und umzugestalten. Ich will in der Art, wie ich dieses Amt ausfülle, nicht weiter Ungerechtigkeit manifestieren. Ich will dieses Amt und den Einfluss, der sich damit verbindet, nutzen, damit sich das verändert. Ich möchte nicht nur um der Frauen willen, dass es gerechter zugeht, sondern auch um meinetwillen und um all der Männer willen, von denen ich weiß, dass sie sich in der bisherigen Amtsvorstellung nicht mehr beheimatet fühlen. Das hat sich durch die Begegnung mit dir herauskristallisiert.

Sr. Philippa: In dem Zusammenhang hat mich sehr beeindruckt, dass du mit deiner Kollegin eines Tages das Büro getauscht hast. Büroräume sind immer auch Statussymbole. Genau so muss es sein, denke ich. Einzelne müssen anfangen, auf ihre Privilegien zu verzichten, müssen das Ganze einmal von der anderen Seite her betrachten und anders zu leben beginnen. Nur so verändern wir die Welt und auch unsere Kirche. Auch dein Engagement bei #OutInChurch hat mich in diesem Zusammenhang immer bewegt. Kurzum: Wir kämpfen an verschiedenen Orten, du eher auf der Straße in die Gesellschaft hinein, ich aus dem Kloster heraus in die Kirche hinein. Was uns verbindet, ist die gemeinsame Sehnsucht nach einer anderen Kirche.

Wenn wir unser aktuelles Projekt in den Blick nehmen: Was bedeutet es euch? Was ist euch daran wichtig?

Sr. Philippa: Ich bin in den letzten Jahren sehr vielen ganz unterschiedlichen Menschen begegnet. Mir ist dabei immer wichtiger geworden, die Menschen vor Resignation zu bewahren und ihre Hoffnung zu stärken. Es stehen so viele derzeit auf der Kippe, nicht wenige haben unsere Kirche schon verlassen oder sind zumindest innerlich deutlich auf Distanz gegangen. In dieser Situation möchte ich Hoffnungszeichen setzen und auch persönlich davon erzählen, wie sehr mich die Hoffnung durch mein Leben begleitet und getragen hat, wie sehr sie mir geholfen hat, Grenzen zu übersteigen und Mauern zu überwinden. Ich halte die Hoffnung tatsächlich für die stärkste Kraft in meinem Leben. Glaube, Liebe, Hoffnung, die berühmten christlichen Tugenden. Für mich ist da noch vor der Liebe die Hoffnung die stärkste Kraft. Nur, indem ich an der Hoffnung festgehalten habe, habe ich viele schwierige und schwere Situationen in meinem Leben durchgestanden. Nur die Hoffnung hat mir neue Horizonte eröffnet, mich Schritt für Schritt in die Zukunft geführt und mich vor Frustration und Resignation bewahrt.

Ich spüre, wie sehr diese Botschaft bei den Menschen ankommt. Ich bekomme viel Resonanz: Menschen, die mir sagen: Jetzt kann ich wieder ein Stück weitergehen, ohne abzustürzen. Jetzt habe ich wieder neue Kraft, um in der Kirche zu bleiben. Jetzt habe ich wieder Mut, mich weiter für Reformen einzusetzen. Das ist für mich unendlich wichtig, dass ich Menschen helfen kann, ihr Leben zu bewältigen und wieder neu mit positiver Energie in die Hand zu nehmen. In unserem Buchprojekt sehe ich die Chance, einen noch größeren Kreis von Menschen zu erreichen, die ähnliche Sorgen und Nöte haben und die an einem ähnlichen Wendepunkt in ihrem Leben stehen. Das ist für mich das Wichtigste an unserem Projekt. Aber ich möchte es eigentlich gar nicht „Projekt“ nennen, denn es ist viel mehr: Es ist mein innerstes Anliegen, meine Aufgabe, ein Anruf, dem ich folgen muss.

Worauf konkret richtet sich deine Hoffnung?

Sr. Philippa: Dass sich neue Türen ins Offene hinein auftun, in die Weite und in die Freiheit. Dass sich neue Horizonte eröffnen, die zeigen, dass Frieden und Versöhnung in der Welt und in der Gesellschaft trotz aller gegenteiligen Erfahrungen möglich sind, dass Veränderungen und Reformen, dass Einheit in Vielfalt in der Kirche trotz aller Gegenkräfte

Wirklichkeit werden können. Dass wir die Kraft und den Mut erhalten, gemeinsam weiterzugehen und die nächsten Schritte unter die Füße zu nehmen. Bei der Hoffnung geht es mir nicht um einen blinden Optimismus nach dem Motto: „Es wird schon alles gut werden." Sie ist für mich viel mehr die treibende Kraft, die Verzweiflung und Resignation überwindet und ungeachtet aller irdischen Enttäuschung die Welt in Gang hält. Charles Péguy hat in seinem lesenswerten Buch *Das Mysterium der Hoffnung* einmal gesagt: „Die Hoffnung sieht das, was noch nicht ist und sein wird. Sie liebt das, was noch nicht ist und sein wird. In der Zukunft der Zeit und der Ewigkeit ... In Wahrheit ist es die Hoffnung, die die beiden anderen – Glaube und Liebe – anspornt. Und sie mit sich fortzieht. Und die alle Welt antreibt. Und sie mit sich fortzieht." (Herold Bibliothek, 3. Auflage, Wien 1983, S. 16–17) Das entspricht genau meiner Erfahrung. Und ich habe auch erfahren, dass sich – wenn ich an der Hoffnung festhalte – oft sehr unerwartete, gar nicht geplante Perspektiven und Möglichkeiten ergeben. Solche Lösungen sind dann oft völlig anders als gedacht, weil Gott eben immer größer ist, als unsere Gedanken es je sein könnten, und weil er per se immer der ganz Andere ist.

In diesem Zusammenhang würde ich gerne auf unseren benediktinischen Professgesang hinweisen, den wir bei der Ewigen Profess und dann jedes Jahr wieder an unserem Professtag singen. Dort heißt es: „Nimm mich auf, o Herr, und ich werde leben, und lass mich in meiner Hoffnung niemals scheitern." An diese flehentliche Bitte halte ich mich. Denn, wenn ich keine Hoffnung mehr habe, dann passiert auch nichts mehr. Dann blockiere ich mich selbst, dann bleibe ich stecken und entwickle keine Kraft und keine Fantasie mehr.

Burkhard: Ich kann mich da gut einreihen, gerade wenn du vom gemeinsamen Weitergehen sprichst. Ich erlebe, dass sich neue Formen von Zugehörigkeit und Verbundenheit entwickelt haben. Zugehörigkeit wird immer weniger über eine formale und früher vielleicht selbstverständliche Verbundenheit mit der Kirche erfahrbar. Sondern es braucht etwas Neues: eine Zugehörigkeit zu Menschen, denen der Glaube wichtig ist und die für sich begreifen, dass sie nicht allein glauben können.

Deshalb will ich auch nicht raus aus der Kirche. Ich will nicht allein bleiben mit meinem Glauben. Und ich spüre gerade, dass es viele gibt, die nach solchen neuen Formen von Verbundensein suchen.

Ich selbst zum Beispiel fühle mich jetzt Philippa und einer immer größer werdenden Gruppe von Menschen, die sich um mehr Gerechtigkeit bemühen, zugehörig. Das ist meine Kirche. Genauso war #OutInChurch für mich nie nur eine Kampagne von queeren Aktivist:innen, sondern unser gemeinsames Sichtbarwerden ist eine spirituelle Erfahrung geworden. Da hat sich für mich eine neue Form von Kirche-Sein ereignet, die weit über das herkömmliche Verständnis oder über eine rein formale Mitgliedschaft hinausgeht.

Und auch das Buch hätte ich mir nicht alleine vorstellen können. Mir tut es gut, dass wir zu zweit sind. Zu zeigen, da sind zwei Menschen, die einen ganz unterschiedlichen Hintergrund haben, aber die eine Verbundenheit leben. Es gibt also auch heute eine Kirche, die lebt und die gleichzeitig auch neu entsteht.

Sr. Philippa: Das möchte ich deutlich unterstreichen. Wenn überhaupt, dann wollte ich dieses Buch nur gemeinsam mit Burkhard schreiben, weil wir aus so ganz unterschiedlichen

Lebenszusammenhängen kommen und uns dennoch oder gerade deshalb so gut ergänzen. Wir haben sehr verschiedene Lebensläufe und Lebenslinien. Aber dennoch verlaufen diese oft parallel und kreuzen sich immer wieder. Vor allem aber haben wir eine gemeinsame Vision von Kirche. Das verbindet uns tief im Inneren.

Das Thema Zugehörigkeit, Burkhard, ist für mich auch ein ganz wichtiger Punkt. Auch wenn es vielleicht für die einen jetzt fremd, für andere kitschig klingen mag: Die Kirche ist und bleibt meine Heimat, trotz allem. Ich liebe sie und ich leide oft an ihr. In ihr sind meine Wurzeln. Bei vielen Menschen, die die Kirche verlassen haben, sehe ich, wie heimatlos sie geworden sind. Sie spüren das in der Regel auch sehr bald und suchen dann nach neuen Formen, ihren Glauben zu leben. Da ist es für mich eine wichtige Aufgabe, gemeinsam mit ihnen nach solchen neuen Formen der Zugehörigkeit und Beheimatung zu suchen. Gemeinsames Suchen – das passt auch gut zu meinem benediktinischen Leben. Die gemeinsame Gottsuche steht im Mittelpunkt unseres Lebens. Diese Suche ist niemals abgeschlossen. Wir bleiben unser Leben lang auf der Suche. Und wenn viele heute nach einer neuen Art, Kirche zu leben, Ausschau halten, nach Ankerplätzen auf Zeit suchen, nach Andersorten oder wie immer man es nennen möchte, nach Orten jedenfalls, an denen Menschen zusammenkommen und ihren Glauben gemeinsam leben und feiern können, dann möchte ich an ihrer Seite sein.

Das Wort des Propheten Jeremia „Ich will euch Zukunft und Hoffnung geben“ (Jeremia 29,11) ist mir in diesem Zusammenhang sehr wichtig. Es war das Motto des Freiburger Katholikentages 1978, dem ersten, an dem ich teilgenommen habe. Genau das fehlt uns heute weithin. Es fehlt uns an Menschen, die Zukunft und Hoffnung schenken. So viele sind hoffnungslos, nicht nur im Blick auf die Kirche, sondern auch im Blick auf die gesellschaftlichen und politischen Entwicklungen. Meine Überzeugung ist: Es gibt immer Hoffnung. Trotz allem. Und es gibt immer eine Zukunft. Beides hält Gott für uns bereit.

Burkhard: Wir hatten bisher noch nicht die Gelegenheit, über diesen Abschnitt aus dem Jeremiabuch zu sprechen. Und jetzt stelle ich fest: Auch an diesem Punkt gibt es offensichtlich eine Verbindung zwischen uns, denn Jeremia 29 ist für mich ein ganz wichtiger Anker geworden. Der historische Kontext ist ja, dass die Exilierten damit hadern, dass sie im babylonischen Exil sind und nicht nach Jerusalem zurückkehren können. Der Prophet aber fordert sie auf, sich gerade in diesem Exilsdasein neu zu orientieren und einzurichten. Die Verschleppten, die ihre Heimat verloren haben, sollen gedanklich und emotional nicht zum Alten zurückkehren, sondern sich in dieser ganz anderen, zumutenden Situation gemeinsam neu erfinden. Wörtlich heißt es: „Baut Häuser und wohnt darin, pflanzt Gärten und esst ihre Früchte! Nehmt euch Frauen und zeugt Söhne und Töchter, nehmt für eure Söhne Frauen und gebt eure Töchter Männern, damit sie Söhne und Töchter gebären. Ihr sollt euch dort vermehren und nicht vermindern. Bemüht euch um das Wohl der Stadt, in die ich euch weggeführt habe, und betet für sie zum Herrn; denn in ihrem Wohl liegt euer Wohl“ (Jeremia 29,5–7). Das sind Begriffe, die auf die Schöpfungserzählung anspielen: Pflanzt Gärten, baut Häuser. Mir tut dieser Text gut, weil er mich daran erinnert, dass auch wir heute ein bisschen an der Neuschöpfung des Kirche-Begriffs beteiligt sind.

Natürlich kenne auch ich Momente, in denen ich ein bisschen wehmütig an Zeiten zurückdenke, die ich früher kirchlich erlebt habe, in der Jugendarbeit zum Beispiel. Aber dann rufe ich mir in Erinnerung: Nein, jetzt geht es darum, mit diesem Schatz, mit dem, was ich in der Kirche mitbekommen habe, wirklich an einer Neuschöpfung, an etwas ganz Neuem, mitzuarbeiten.

Sr. Philippa: Das ist sehr schön ausgedrückt: an etwas Neuem, an einer Neuschöpfung mitarbeiten. Darin finde ich auch viele Parallelen zwischen unserem gemeinsamen Engagement in der Kirche und meinem Leben in unserer klösterlichen Gemeinschaft. Auch unsere Klöster und die Orden insgesamt sind derzeit auf der Suche nach neuen Wegen und neuen Formen. Da sind wir im wahrsten Sinne Kirche im Kleinen. Das ist – hier wie dort – ein in die Zukunft hinein noch völlig offener Prozess. Ein bisschen Wehmut im Gedenken an die alten glorreichen Zeiten (die im Übrigen auch oft gar nicht so glorreich waren) darf da sicher sein, aber wir dürfen auf keinen Fall darin steckenbleiben. Nostalgie hilft uns nicht weiter auf dem Weg in die Zukunft. Wir brauchen jetzt neue Ideen, neue Modelle, neue Formen. Ich weiß selbst noch nicht, wohin es geht, aber ich empfinde diese unsere Zeit als ungeheuer spannend und herausfordernd. Es ist eine Zeit der Wandlung auf allen Ebenen. Eine Zeit des Aufbruchs ins Ungewisse. Wir sollten uns an Abraham halten, der noch in hohem Alter auf Gottes Geheiß hin aufgebrochen ist in ein unbekanntes Land.

Kindheit, Familie und Studium

Unsere Gesprächspartner kommen jetzt einzeln, nacheinander zu Wort. Wir beginnen biografisch, bei den Wurzeln in der Familie, auch des Glaubens – von der Geburt bis zur Ausbildung. Es geht um Entscheidungen, Glaubenswege, stärkende Rituale, tragende Erlebnisse. Auch das Schmerzvolle kommt zur Sprache: Diskriminierungserfahrungen, Mobbing und die Herausforderungen durch die eigene sexuelle Orientierung in der Kirche.

***

Ich habe die Trotzmacht des Geistes und des Glaubens in mir gespürt – Sr. Philippa

Sr. Philippa, wie hast du in der Familie den Glauben erlebt? Gab es prägende und tragende Rituale?

Der Glaube und die Zugehörigkeit zur katholischen Kirche waren für uns ganz selbstverständlich gelebter Alltag. Wir kannten es nicht anders. Unser Vater war ein sehr gläubiger Mensch, der schon früh bereit gewesen war, für seinen Glauben einzustehen. Er hat sich als junger Mann sonntags nach der Messe hinter der Kirche mit der Hitlerjugend geprügelt. Mein Patenonkel, der Pastor war, musste während der Hitlerzeit immer wieder ins Gefängnis, weil seine Predigten den Nazis zu freimütig und regimekritisch waren. Die Gestapo hat ihm in den Kellern in Düsseldorf sehr zugesetzt, worüber er mit uns Kindern allerdings nie gesprochen hat. Er war davon gezeichnet und ist dann auch an den Folgen dieser Misshandlungen viel zu früh gestorben. Seit Generationen war das Katholisch-Sein also in unserer Familie väterlicherseits selbstverständlich. Unsere Mutter war ein klein bisschen anders. Sie hatte eine protestantische Stiefmutter – ihre Mutter war schon in den 20er Jahren an der Spanischen Grippe gestorben. Aber wie das in unserer Zeit so war: Der Vater war die prägende Kraft. Er war ein klassischer *pater familias*. Er hat uns viel Raum gelassen, aber auch klare Grenzen gesetzt. Er hat Freiheit ermöglicht und zugleich Verantwortung eingefordert. Auch später, als es darum ging, unsere Studienfächer auszuwählen, sagte er nur: „Studiert das, wofür ihr brennt, was euch wirklich interessiert und wofür ihr euch in eurem Leben einsetzen wollt." Das fand ich großartig. Es ging nicht darum, bestimmte Karriereabsichten der Eltern zu befriedigen, sondern darum, dass die Kinder das verwirklichen und zur Blüte bringen, was in ihnen steckte.

Wir wurden schon früh zu Selbständigkeit und Eigenverantwortung erzogen und hatten jede unsere je eigenen Aufgaben in der Familie. Ich erinnere mich noch, dass mir anfangs im Kloster einmal eine liebe Mitschwester das Putzen beibringen wollte, weil sie dachte, dass ich das in meinem Berufsleben wohl kaum gelernt hätte. Da täuschte sie sich, denn wir mussten seit unserem zehnten Lebensjahr ganz selbstverständlich unsere Zimmer selbst putzen. Bei uns gab es eine klare Ordnung: Erst wenn die Hausaufgaben fertig waren und wir unsere verschiedenen kleinen Dienste in der Familie erledigt hatten, durften wir unserer Wege gehen. Um sechs Uhr abends mussten wir zuhause sein, da gab es kein Pardon. Insgesamt hatten wir trotz der klaren Regelungen aber eine ziemlich freie Kindheit. Wir hatten einen herrlichen Garten und um uns herum waren lauter Spielstraßen, wo heute vierspurige Straßen sind. Das war wirklich schön.

Sonntags gingen wir selbstverständlich alle gemeinsam zur Messe, was den ältesten Schwestern oft peinlich war. Wir beteten bei jeder Mahlzeit. Die Eltern legten viel Wert darauf, dass wir gemeinsam aßen. Im Hausflur hing ein Weihwasserkessel, und Mutti hat uns jeden Morgen, bevor wir zur Schule gingen, ein Kreuz auf die Stirn gezeichnet. Das sind Dinge, die man nie vergisst. Auch im Mai die Maiandacht und im Oktober die Rosenkranzandacht sind mir unvergesslich. Nicht jeden Tag, aber doch regelmäßig nahmen wir daran teil. Dann erinnere ich mich auch an die Fronleichnamsprozessionen, bei denen ich das Birett meines Patenonkels, der damals Dechant in meiner Heimatstadt Ratingen war, auf einem Silbertablett tragen durfte. Darauf war ich mächtig stolz. Mein Onkel Franz war überhaupt eine sehr prägende Gestalt für mich. Bei ihm ging ich mit sechs Jahren zur Frühkommunion und habe auch sonst viel von ihm gelernt. Er hat in mich das Bild eines liebenden, verzeihenden und barmherzigen Gottes tief eingepflanzt und damit mein Gottesbild entscheidend geprägt.

War das ein Gefühl der Geborgenheit?

Die Geborgenheit in der Familie und im Glauben, das gehörte für uns zusammen. Es ist eine Erfahrung von Heimat, von unverbrüchlicher Treue vor allem. Die Familie hielt zusammen, was auch geschah. Und was den Glauben betrifft: Da waren die Gewissheit und das unbedingte Vertrauen in die bedingungslose Liebe Gottes zu jedem Menschen. Das haben uns unsere Eltern und die Familie wirklich vermittelt. Darauf ist sicher auch zurückzuführen, dass wir bis heute so ein gutes Verhältnis unter uns Geschwistern haben. In wie vielen Familien ist das ganz anders. Da gibt es so viel Zerrissenheit, so viel Streit, so viel Unfrieden. Uns allen hat das eine innere Standfestigkeit mitgegeben, die unser Leben ganz entscheidend geprägt hat.

Das ist nicht selbstverständlich!

Deshalb weiß ich das auch so zu schätzen. Ich kenne genug Menschen, denen es ganz anders ergangen ist, die noch immer hadern mit ihrer Kindheit und Jugend, die heute einsam und allein sind. Und ich kenne Menschen, die unendlich gelitten haben unter dem, was ihnen im Elternhaus, im Religions- oder im Kommunionunterricht an Gottesbildern vermittelt wurde: der Buchhaltergott, der strafende Gott, ja sogar der grausame Gott.

Man kann mit toxischen Gottesbilder so viel kaputtmachen.

Oh ja, das kann man. Ich werde oft gefragt, welcher mein Lieblingspsalm ist. Es ist Psalm 139: „HERR, du hast mich erforscht und du kennst mich …" Ich habe diesen Psalm immer als ungemein tröstlich, bergend und voller Hoffnung empfunden. Aber für diejenigen, die ein anderes Gottesbild in sich tragen, kann er durchaus furchteinflößend sein. Die fühlen sich verfolgt und beobachtet. Da erscheint dann der „Big-Brother-is-watching-you-Gott", den ich Gott sei Dank nie kennengelernt habe.

War für dich in diesem Kontext die Familie ein Safe Space?

Trotz der vielen guten Erfahrungen leider nicht immer: Unsere Mutter – das haben wir erst viel später erfahren – war bei meiner Geburt bereits schwer diabeteskrank. An den Folgen der Krankheit ist sie dann leider auch viel zu früh gestorben. Ich war damals gerade 25. Diabetikerinnen haben häufig übergewichtige Kinder. So ist dieses Thema eines, das mich mein Leben lang begleitet hat. In der Grundschule war es am schlimmsten. Kinder können sehr brutal sein. Gnadenlos. Da waren auch keine Lehrer, die in irgendeiner Weise zu mir gestanden hätten. Im Gegenteil: Sie hatten dieselben Vorurteile wie alle anderen: Übergewichtige Kinder sind per se dumm, faul, undiszipliniert und demotiviert. Im Gymnasium später konnte ich mit meinen Leistungen und meiner Eloquenz punkten. Da konnte ich mitreden und wurde von allen akzeptiert. Wenn ich heute übergewichtige Kinder sehe, dann überkommt mich immer wieder ein ungeheures Gefühl des Mitleids.

Da es in unserer Familie nicht üblich war, allzu viel über Gefühle zu sprechen, habe ich von meinen Ausgrenzungs- und Mobbing-Erfahrungen in der Schule zuhause nie etwas erzählt. Es gab also niemanden, der mich in dieser Zeit trösten und schützen konnte. Das meiste an Verletzungen und Verwundungen habe ich mit mir selbst und mit meinem Gott ausgemacht, von dem ich ja wusste, dass er mich liebt. Ich hatte jedoch das Glück, dass ich in all meinen Lebensphasen immer eine oder zwei beste Freundinnen oder Freunde hatte. Wenige, aber beste Freund:innen. Die waren mir in diesen Situationen eine große Stütze und Hilfe.

Haben dich deine Diskriminierungserfahrungen schon früh für Ungerechtigkeiten sensibilisiert?

Ja, ganz sicher. Ungerechtigkeiten und Diskriminierungen aller Art sind mir ein Gräuel. Zunächst einmal haben mich diese Erfahrungen aber auch innerlich stark gemacht. Natürlich war vieles unglaublich verletzend. Das sind Lebenswunden, die unter bestimmten Umständen jederzeit wieder aufbrechen können. Das Wort aus der Heiligen Schrift – wir müssen nicht siebenmal, sondern 77-mal vergeben (Matthäus 18,22) – kommt einem da ganz nahe. Wir müssen bestimmte Dinge immer wieder neu vergeben. Jederzeit können alte Narben wieder aufbrechen, durch unbedachte Äußerungen, durch bestimmte Erlebnisse, sogar durch Bilder und Gerüche.

Hat dir dabei dein Glaube geholfen?

Ja, sehr. Mein Lieblingsgebet war immer schon das Vaterunser. Wenn ich nichts mehr beten kann – das geht immer. Mein Lieblingsvers darin ist „Dein Wille geschehe". Wenn es sein Wille ist, dachte ich mir schon als Kind, dann bekommst du auch die Kraft, das durchzustehen. Oder: Wenn es sein Wille ist, dann hat das alles einen Sinn, auch wenn du ihn im Moment noch nicht verstehst. Es gibt ein Wort des evangelischen Theologen Helmut Thielicke, das mir sehr viel bedeutet: „Ich erkenne den Sinn vieler Dinge nicht, aber ich glaube an den, der den Sinn kennt." Wer weiß: Vielleicht haben meine Erfahrungen in der Kindheit ja genau den Sinn, dass ich schon sehr früh für Vorurteile, Ungerechtigkeiten, Ausgrenzungen und Diskriminierungen aller Art sensibilisiert wurde.

Sehr am Herzen liegt mir auch die Vaterunser-Bitte „Und führe uns nicht in Versuchung" – so die übliche Übersetzung. Im ersten Kapitel des Jakobusbriefes heißt es in Vers 13: „Keiner, der in Versuchung gerät, soll sagen: Ich werde von Gott in Versuchung geführt. Denn Gott lässt sich nicht zum Bösen versuchen, er führt aber auch selbst niemanden in Versuchung." Daran halte ich mich. Deshalb ziehe ich die neueren Übersetzungsvorschläge dieser Bitte vor, die heißen: „Und lass uns nicht in Versuchung geraten" oder noch besser „Und hilf uns, in der Versuchung standzuhalten". Leider wurden diese Übersetzungen bei uns nie eingeführt. Gott führt nicht in Versuchung, sondern steht uns bei und hilft uns, diese tapfer und entschieden zu bestehen, wenn sie auftauchen. Und sie tauchen auf – in jedem Leben. Das ist so sicher wie das Amen in der Kirche.

Anknüpfend an deine Sensibilisierung für Ungerechtigkeiten: Dein politisches Interesse wurde ja überhaupt schon früh geweckt …

Ich bin ja die jüngste unter meinen Geschwistern. Heute wissen wir aus der Psychologie, dass dies viel Einfluss hat auf die Persönlichkeitsentwicklung und dass auch die Geschwisterfolge eine große Rolle spielt. Mein hohes politisches Interesse kommt sicher von den älteren Geschwistern. Die Diskussionen am Tisch rund um Politik, Kirche und Gesellschaft habe ich von klein an ganz wach mitbekommen und wusste deshalb darüber auch immer viel besser Bescheid als meine Mitschülerinnen. Das hat mich so sehr geprägt, dass ich schon im ersten Schuljahr verkündet habe, ich wolle einmal Bundeskanzlerin werden, was mir allerdings nichts als eine schallende Ohrfeige der Lehrerin einbrachte. So etwas lag halt außerhalb jeder Vorstellung zu Beginn der 60er-Jahre.

Es hat sich aber auch auf andere Weise gezeigt, dass ich die Jüngste war. Ein kleines Beispiel: Unsere mittlere Schwester war sehr gut in Latein und Mathematik. Das hatte zur Folge, dass sie mir immer bei meinen Hausaufgaben geholfen hat. Als sie dann ins Studium ging, hatte das natürlich dramatische Folgen für mich …

Was sehr interessant ist, wie unterschiedlich wir fünf unsere Kindheit und unsere Eltern erlebt und wahrgenommen haben. Auch, wie sehr sich unsere Eltern und ihr Erziehungsstil im Laufe der Jahre verändert haben. Das war oft Thema bei unseren Geschwistertreffen.

Du bist in deiner Kindheit also gleichsam ganz natürlich mit dem katholischen Glauben großgeworden. Wie war das in deiner Jugendzeit?

Die Jugendzeit ist in meiner Biografie zweigeteilt. Bis zur Firmung war ich selbstverständlich Mitglied einer Jugendgruppe in der Pfarrei. Wir trafen uns ein- bis zweimal wöchentlich und haben viel zusammen unternommen. Auch Glaubensgespräche fanden da regelmäßig statt. Diese leitete der spätere Bischof von Hildesheim, Norbert Trelle, der damals Kaplan in St. Peter und Paul in Ratingen war. Zwei Jahre lang war ich dann auch selbst Jugendgruppenleiterin. Da kam ich allerdings an meine Grenzen und merkte, dass mein pädagogisches Talent doch sehr begrenzt ist. Mit 14 beschloss ich deshalb, niemals Lehrerin zu werden …

Nach der Firmung begann das Engagement in der Pfarrjugend dann langsam zu bröckeln. Da konnte ich mit Glauben und Kirche auf einmal nicht mehr viel anfangen, bin auf Abstand gegangen, fand vor allem die Liturgie „ätzend", wie man das damals so sagte. Zu der Zeit wurde der obligatorische Familien-Gottesdienstbesuch bei uns auch bereits lockerer gehandhabt. Die älteren Geschwister waren aus dem Haus und ich ging meiner Wege. Leider hatten wir in der Oberstufe auch einen denkbar unbegabten und uninspirierten Religionslehrer, dem es in keiner Weise gelang, unser Interesse zu wecken und uns bei der Stange zu halten. Erst als ich begann, Theologie zu studieren, konnte ich an meine Wurzeln wieder anknüpfen.

Ist das ein bisschen wie bei einer alten Freundschaft, die man schnell wiederaufleben lassen kann?

Das könnte man so sagen. Aber bei aller Kontinuität begann für mich mit dem Studium doch eine völlig neue Ära. In den ersten beiden Semestern habe ich de facto kaum studiert, sondern den Ortswechsel und die neue Umgebung genutzt, um radikal abzunehmen. Ich habe tatsächlich fast ein Jahr lang nur von Tomaten, Gurken und Knäckebrot gelebt und damit 40 kg abgenommen. Danach begann für mich ein komplett neues Leben. Es war wie eine Auferstehung mitten im Leben. Und ich habe gespürt, dass das, was Viktor Frankl die „Trotzmacht des Geistes“ nannte, in mir tatsächlich eine lebendige Kraft war. Das kleine Wort „trotzdem“ ist seither für mich ein Schlüsselwort geworden. Allen inneren und äußeren Widerständen zum Trotz, kannst du dein Leben verändern, kannst du ganz neu beginnen. Im Vertrauen darauf, dass Gott da ist, dass er dich begleitet und dir hilft.

Hat sich durch das Theologiestudium deine Frömmigkeit, dein Glaubensleben verändert?

Ich habe mit dem Theologiestudium erst später begonnen. Zunächst hatte ich im Wintersemester 1975/76 mit Politikwissenschaften, Geschichte und Völker- und Staatsrecht angefangen. 1977 kam dann der Klostereintritt meiner Schwester. Dadurch sind Glaubensfragen in mir wieder aufgebrochen, die ich eigentlich bereits ad acta gelegt hatte. Deshalb habe ich dann Theologie als weiteres Fach hinzugenommen. Es hat mich sehr interessiert und mir neue Horizonte eröffnet, vor allem die Bibelwissenschaften, die christliche Gesellschaftslehre und die Kirchengeschichte.

Meinen persönlichen Glauben hat das damals sehr bereichert. Im Gegensatz dazu hatte ich aber Kommilitonen und Kommilitoninnen, die berichtet haben, dass ihr Glaube zunehmend angefochten wurde, je länger sie Theologie studierten. Das war bei mir nicht so. Offensichtlich haben unsere Eltern und mein Onkel Franz ein stabiles Fundament gelegt, auf das ich nun aufbauen konnte. Was ich in der Rückschau allerdings im Studium vermisst habe, war die spirituelle Dimension. Es war schon alles ziemlich theoretisch und abstrakt. Vorbildgestalten im Glauben etwa kamen nicht vor, auch die persönliche Gottesbeziehung war kein Thema. Auch Gebetshilfen haben mir gefehlt. Da gab es in Bonn viele anerkannte Wissenschaftler und sehr bekannte Namen, aber ich habe sie doch eher als weit weg und unnahbar empfunden. Das war schon manchmal ein bisschen enttäuschend. In anderen Fächern dagegen habe ich Professoren erlebt, die wesentlich persönlicher auf uns Studierende zugegangen sind und uns wirkliche Vorbilder waren. Karl-Dietrich Bracher in der Politikwissenschaft zum Beispiel, auch Konrad Repgen in der Geschichte. An die beiden erinnere ich mich voller Hochachtung. Das habe ich in der Theologie eher nicht erlebt und fand das sehr schade. Aber wir hatten eine schöne Gemeinschaft in der Studentengemeinde und in unserer Clique, die gemischt war aus Priesteramtskandidaten, angehenden Pastoralreferentinnen und Lehramtsstudierenden. Wir waren eine bunte Mischung und haben einen sehr lebendigen Austausch über Glaubensfragen und Kirchenpolitik gepflegt. Diese Gruppe war mir ein Stück Heimat in der Studienzeit in Bonn.

Wo hast du dann spirituelle Vorbilder und Inspiration gefunden?

Zunächst vor allem in Büchern. Später dann während meiner Herder-Jahre durfte ich im Rahmen meiner Arbeit als Marketingleiterin, Redakteurin und im Lektorat einigen meiner großen Vorbilder auch persönlich begegnen. Karl Rahner zum Beispiel. Er war damals einer der bekanntesten Autoren bei Herder. Er war schon Ende 70, als ich ihn kennenlernte. Er kam regelmäßig in den Verlag und ich habe ihn öfter auf eine Tour durch Freiburg begleiten dürfen. Einmal hat er mir oben auf dem Münsterturm einen Vortrag über Freiheit, Offenheit und Weite der Kirche gehalten. Er schaute vom Turm herunter und meinte: „Diese weite Landschaft – das ist der katholische Kosmos." Das hat mich damals sehr beeindruckt. Danach sind wir in ein Eiscafé gegangen und er hat uns ein riesengroßes Eis mit einem Sonnenschirmchen darauf bestellt. Das liebte er. Dieser große Karl Rahner, der für mich so einmalig und unvergleichlich über die Unbegreiflichkeit Gottes sprechen konnte, war dann auf einmal ganz kindlich und einfach. Unvergesslich. Seinem letzten Buch *Gebete des Lebens*, welches noch heute zu meinen geistlichen Lieblingsbüchern gehört, spürt man diese Einfachheit an. Und dann nicht zu vergessen sein letzter öffentlicher Vortrag im Auditorium Maximum der Freiburger Universität. Kurz vor seinem Tod – er starb wenige Wochen später – hat er dort über *Erfahrungen eines katholischen Theologen* gesprochen (zu sehen auf: https://www.youtube.com/watch?v=Vthweqb97I4). Am Ende sprach er auch über den Tod – ganz persönlich und in einer unglaublichen Tiefe und Ehrlichkeit. Das bewegt mich noch heute. Ich habe eine Tonkassette dieses Vortrags, die ich wie meinen Augapfel hüte. Bei Todesfällen, die mir sehr nahe gehen, höre ich mir den Vortrag auch heute noch immer wieder einmal an. Insgesamt waren die Jahre in Freiburg sehr erfüllte Jahre für mich. Die Arbeit im Verlag Herder hat mir viel Freude gemacht, war freilich auch sehr einfordernd. Das Miteinander mit den Kollegen und Kolleginnen war sehr inspirierend. Gerade von den älteren Kollegen habe ich viel gelernt – fachlich und menschlich. Mit zweien von ihnen bin ich bis heute befreundet. „Durch Verbreitung guter Bücher in das Leben eingreifen“ war seinerzeit das oft zitierte Leitwort des Verlagsgründers Bartholomä Herder. Insgesamt, denke ich, ist uns das auch gelungen. Meine Zeit bei Herder endete dann 1990 mit meinem Eintritt ins Kloster. Die Kolleg:innen schlossen damals Wetten ab, wie lange ich es wohl im Kloster „aushalten“ würde. Zu meiner ersten Profess erreichte mich dann von ihnen allen zusammen ein riesengroßer Rosenstrauß.

Die Bibel wurde immer mehr zum Ort meiner Unabhängigkeit – Burkhard

Burkhard, wie wir auf die Welt blicken, dafür werden oft schon in der Kindheit die Weichen gestellt. Wie war das bei dir?

Ich bin in Hammelburg aufgewachsen, einer Kleinstadt in Unterfranken. Mein Vater war Gymnasiallehrer, und so hatte ich gemeinsam mit meinen beiden älteren Geschwistern das Glück, beide Eltern intensiv zu erleben: Wenn wir mittags aus der Schule kamen, war auch mein Vater zuhause. Ich erinnere mich, dass bei uns in der Familie immer sehr viel diskutiert wurde. Das hat sicher damit zu tun, dass mein Vater, Jahrgang 1932, als junger Mann ein Jahr in den USA gelebt hat. Es gab dort ein Programm, mit dem Jugendlichen aus Deutschland unmittelbar nach dem Zweiten Weltkrieg die Demokratie nahegebracht werden sollte. Das hat meinen Vater sehr geprägt. Bis auf den heutigen Tag hat er sich die Liebe zu diesen USA bewahrt – und auch die Wachsamkeit für die Demokratie und ihre Gefährdungen. Diese Haltung hat er an uns Kinder weitergegeben: vor allem das kritische Bewusstsein gegenüber Institutionen und Systemen, die einen besetzen und vereinnahmen wollen. Die Diskussionsfreude bei uns zu Hause ging manchmal so weit, dass es ein rechtes Durcheinander und Stimmengewirr gab. Meine Eltern erzählen heute noch gerne eine kleine Anekdote: Ich muss gerade mal ein Kind im Vorschulalter gewesen sein, da ging es beim Mittagessen mal wieder hoch her. Alle hatten etwas zu sagen, und zwar gleichzeitig. Mein Vater versuchte wohl mit einem „Jetzt ist mal Ruhe hier!" für Ordnung zu sorgen. Daraufhin hätte ich, so erzählen es meine Eltern, mit beiden Fäustchen auf den Tisch geschlagen und ausgerufen: „Wir dürfen auch spe'chen!" Das „r" konnte ich damals noch nicht aussprechen. Ich weiß nicht, wie oft ich diese Geschichte schon gehört habe. Und ich höre sie irgendwie auch immer wieder gerne. Vielleicht auch, weil sie meine Eltern mit ein bisschen Stolz erzählen, dass ihr Bemühen, uns zu selbstbestimmten Menschen zu erziehen, offensichtlich sehr früh gefruchtet hat.

Auch das Thema Flucht und die erhöhte Sensibilität für Menschen, die ihr Zuhause verlassen mussten, ist durch meinen Vater wohl in meine DNA gelangt. Mein Vater musste im Februar 1945 als gerade einmal Zwölfjähriger aus seinem oberschlesischen Heimatdorf fliehen. Die Flucht führte über Österreich schließlich nach Franken. Diese Erfahrung war in unserer Familie immer irgendwie hintergründig präsent. Ebenso die Abwertungen und Zuschreibungen, die mein Vater als „Flüchtling" in seiner Jugend und im Erwachsenenalter erleben musste. Das hat in meinem unmittelbaren familiären Umfeld und bei mir persönlich dazu geführt, dass es auch heute für Menschen auf der Flucht ein hohes Maß an Mitgefühl und Solidarität gibt.

Auch religiöse Grundhaltungen prägen sich in jungen Jahren aus: Ob wir Glauben eher als ein System von Regeln oder als die Zusage der Liebe Gottes erleben.

Meine Eltern haben mich in keine Richtung gedrängt. Auch das ist ein großes Glück. Aber ihr Vorbild hat mich natürlich trotzdem geprägt. Meine Mutter sagt heute noch manchmal – und sie meint das wertschätzend: „Du bist wie dein Vater." Worauf sie damit vor allem anspielt, ist das Bedürfnis und die Bereitschaft, sich zu engagieren.

Mein Vater war etliche Jahre aktiv in der Pfarrgemeinde und der katholischen Erwachsenenbildung, hat in der Kirchengemeinde Abende zu aktuellen Themen wie Nachrüstung gestaltet und Podiumsdiskussionen moderiert. So bin ich ganz selbstverständlich in die Pfarrei hineingewachsen. Dort habe ich eine lebendige Jugendarbeit kennengelernt und sehr viel Förderliches erlebt, gerade auch über die jungen Kapläne, die in unserer Gemeinde tätig waren. Ihre menschliche, lockere Art war ein Modell, an dem ich mich orientiert habe. Es war so erfrischend anders als das, was unser alter Pfarrer in meiner Kindheit verkörperte. Er war zwar sehr warmherzig, aber auch sehr konservativ. Ja, es war ein Glück, dass ich in meiner Kindheit Religion nie als Zwang erlebt habe – sieht man vielleicht mal von der verpflichtenden „Schülerbeichte" ab.

Und auch in der Jugendzeit hat sich dies so fortgesetzt?

Meine ausgeprägte Liebe zur Demokratie und meinen Gerechtigkeitssinn habe ich letztlich der Kirche zu verdanken. Ich sage das heute manchmal auch mit einem Augenzwinkern, in Richtung der kirchlichen Hierarchie: Das habt ihr davon! Meinen Widerstandsgeist und meine Skepsis gegenüber Autoritäten, die Gefolgschaft verlangen, habe ich nämlich genau in dieser Kirche entwickelt. Wer endlose Mitgliederversammlungen in kirchlichen Jugendverbänden miterlebt hat, lernt Demokratie und Mitbestimmung und lernt auch, sich für Überzeugungen einzusetzen. Wer in den 80er Jahren an der Vorbereitung von Jugendkreuzwegen, die immer stark gesellschaftspolitisch aufgeladen waren, beteiligt war, konnte erfahren, dass der Glaube nicht weltabgehoben ist, sondern sehr konkret mit den Realitäten zu tun hat. Schließlich erinnere ich mich an einen Bibelkreis, zu dem ich mich in den drei Jahren bis zu meinem Abitur wöchentlich mit einigen weiteren Jugendlichen bei einer Religionspädagogin zu Hause getroffen habe. Es klingt etwas verklärt, aber wir saßen da jede Woche auf dem Teppichboden bei aromatisiertem Tee und Chips und haben uns mit biblischen Texten beschäftigt, und zwar auf eine andere Weise, als dies im gemeindlichen Bibelkreis üblich war. Aus heutiger Sicht würde ich sagen: Es war bereits eine Hinführung zur wissenschaftlichen Beschäftigung mit der Bibel, denn die junge Katechetin hat mit uns Jugendlichen alle ihre spannenden Erkenntnisse aus dem Studium geteilt. Und natürlich habe ich mich mit 16 Jahren dann auch an unserem eher konservativen Pfarrer gerieben und bin innerlich schon zu manchen Lehren der Kirche auf Distanz gegangen, aber ich hatte nie das Bedürfnis, mir sozusagen eine Auszeit von der Kirche zu nehmen, wie es viele andere Jugendliche taten.

Mir ist bewusst, dass das nicht selbstverständlich war. Ich hatte vielleicht einfach Glück, Kirche als Jugendlicher von einer Seite zu erleben, die mich in meiner Entwicklung damals gestärkt hat. Meine Heimatgemeinde war für mich in meiner Jugendzeit vor allem ein Raum, in dem ich mich selber mit meinen Begabungen ausprobieren konnte, in dem ich auch mein kritisches Bewusstsein entwickelt habe und der mir vor allem die Erfahrung von Zugehörigkeit geschenkt hat.

Die positiven Erfahrungen haben dich zum Theologiestudium und in die Priesterlaufbahn geführt?

So geradlinig war das gar nicht. Es hätte eigentlich nähergelegen, dass ich Pharmazie studiere. Das Fach hat in unserer Familie mütterlicherseits eine lange Tradition. Meine Großmutter war eine der ersten Pharmaziestudentinnen überhaupt. Im Studium hat sie meinen Großvater kennen- und lieben gelernt – und ist aus dem Rheinland mit ihm nach Hammelburg gezogen. Dort hatten sie am Marktplatz eine Apotheke, in der ich als Kind oft war und an Samstagen und in den Ferien viel Zeit verbrachte und auch ein bisschen mitgearbeitet habe. Trotzdem haben nur mein Bruder und meine Schwester, die beide älter sind, Pharmazie studiert. Vielleicht wollte ich auch bewusst etwas anderes machen …

Wie hat es deine Familie aufgenommen, dass du Theologie studieren wolltest?

Es gibt ja heute noch Familien, in denen Söhne regelrecht ins Priesterseminar „hineingebetet“ werden. Bei mir war das nicht so. Im Gegenteil: Mein Vater hat immer gesagt: „Mach das ruhig, wenn es dir Spaß macht. Aber wenn du das Gefühl hast, dass es doch nicht Deins ist, dann finanzieren wir dir auch noch ein zweites Studium.“ Diese Freiheit hat mir sehr gut getan. Knifflig war es zunächst mit meiner Großmutter. Sie war evangelisch, sehr gebildet und hielt Katholik:innen eher für geistig etwas rückständig. Als sie erfuhr, dass ich Theologie studieren wollte, fragte sie besorgt, ob ich meine gute Abiturnote wirklich so verschleudern wolle. Das Thema wurde dann in der Familie eine Zeit lang ausgeklammert. Am Ende habe ich meiner Großmutter meine exegetische Diplomarbeit zum Lesen gegeben. Da hat sie wohl gemerkt, dass Theologie eine richtige Wissenschaft ist, für die man seinen Kopf braucht – und damit war es für sie in Ordnung.

Was hat sich für dich mit dem Eintritt ins Priesterseminar verändert?

Vielleicht war ich bis dahin naiv, oder ich hatte einfach nur Glück, dass ich in meiner Kindheit und Jugend die Kirche so positiv erleben durfte. Jedenfalls wurde ich erst im Studium und insbesondere im Priesterseminar wirklich damit konfrontiert, dass es in der Kirche verschiedene Richtungen gibt, die sich gegenseitig bekämpfen. Waren für mich zuvor mein Glaube und auch die Kirche eher Heimat und Räume, in denen ich mich selbstverständlich angenommen fühlte, musste ich mich jetzt viel häufiger positionieren. Ich erinnere mich daran, dass mich ältere Seminaristen jeweils für ihr „Lager" gewinnen wollten. Da gab es eine sehr aktive Gruppe von Schönstättern, die sich um mich bemühten, und es gab Leute, die in Studentenverbindungen organisiert waren und alles daran setzten, mich zu sich zu holen. Eine Gruppe von Seminaristen traf sich über das von der Seminarleitung vorgeschriebene Pensum an Gottesdiensten und Gebeten hinaus zum Stundengebet. Auch sie luden mich mit großem Nachdruck zu diesen Treffen ein. Und schließlich gab es eine ganze Reihe eher progressiver Seminaristen, die sich lieber in der Bahnhofsmission engagierten, als ihre Zeit mit Stundengebet oder beim Ministrieren im Dom zu verbringen. Ich hatte das vorher noch nie so erlebt, dass ich mich quasi für eine Richtung entscheiden musste. Das hat mich zunächst auch ziemlich überfordert. Neu war für mich auch, dass ich mich sehr bewertet fühlte, weil ich nicht in bestimmte Vorstellungen passen wollte.

Du spielst auf deine Homosexualität an?

Nicht allein das. Ich habe generell immer mehr gespürt, wie sehr Kirche eben auch mit Hierarchie, Angst, Ungerechtigkeit und ja, sogar mit Unrecht zu tun hat – und dass sich in mir etwas dagegen wehrt. Ein Ausdruck dieser wachsenden inneren Gegenwehr war wohl meine Reaktion, als mich der Regens nach dem Vordiplom ins Germanicum nach Rom schicken wollte. Dieses päpstliche Kolleg gilt ja als kirchliche Kaderschmiede, und im Seminar war es immer ein großes Gesprächsthema, wer wohl dafür ausgewählt würde. Der Regens, der übrigens selbst stolzer Germaniker war, hat mir damals also eröffnet, dass er mich dort gerne sehen würde. Ich habe „Nein" gesagt, vielleicht nicht einmal sehr durchdacht, sondern eher emotional, aus einem Affekt heraus. Aber das war der Moment, in dem ich zum ersten Mal das Gefühl hatte, innerlich aus dem hierarchisch-klerikalen System auszusteigen.

Spielte deine sexuelle Orientierung dabei auch eine Rolle?

Natürlich war auch das ein Thema. Homosexualität war als Thema in der Priesterausbildung einerseits tabuisiert, andererseits dauerpräsent. Ich lebte in der Spannung zu einer kirchlichen Lehre, die mir täglich vermittelte, dass ich als schwuler Mann nicht erwünscht bin und auch nicht Priester werden dürfte. Gleichzeitig lebte ich im Priesterseminar in einer Einrichtung, in der ein Großteil der Mitstudenten schwul war und viele auch im Priesterseminar Beziehungen führten. Im Grunde war diese Spannung kaum auszuhalten und aus meiner heutigen Sicht mehr als ungesund. Ich habe also sehr bald auch Kirche als eine Institution erfahren müssen, die mich ablehnt und diskriminiert. In meiner Familie war das dagegen ganz anders. Ich habe ja relativ lange gewartet, bis ich mich bei meinen Eltern geoutet habe, da war ich schon Mitte dreißig. Sie hatten das schon geahnt und haben nur gesagt: Hauptsache, du bist glücklich. Aber sie machten sich Sorgen, dass ich in der Kirche Schwierigkeiten bekommen würde. Und die gab es ja tatsächlich immer wieder. Ich hatte all die Jahre eine wahnsinnige Angst davor, entdeckt zu werden: weil ich eben so war, wie ich nach kirchlicher Lehre nicht sein durfte. Papst Benedikt XVI. hatte ja 2005 nochmals bekräftigt, dass man als schwuler Mann nicht Priester sein darf. Bis auf den heutigen Tag ist diese diskriminierende päpstliche Aussage nicht zurückgenommen worden. Ich war gerade Hochschulpfarrer geworden, da hat mich auch tatsächlich jemand, vermutlich aus dem traditionell konservativen Lager, zwangs-geoutet, also unter falschem Namen dem Bischof geschrieben, dass ich schwul sei und mir eine „Zeit der Buße und Umkehr“ auferlegt werden sollte. Daraufhin wollte man mir eine Sabbatzeit verordnen oder mich versetzen und das mit der Begründung, ich könnte eine Gefahr für Studenten sein. Ich habe dann nur zurückgefragt, ob ich denn – wenn ich heterosexuell wäre – automatisch eine Gefahr für Studentinnen darstellen würde ... Letztlich ist nichts passiert, weil ich angekündigt habe, an die Öffentlichkeit zu gehen, sollte ich zwangsversetzt werden. Bis zu diesem Punkt hatte ich doch starke Existenzängste. Und was noch schlimmer ist: Ich hatte bis zu dieser Konfrontation und bis zu meiner Entscheidung, mich nicht mehr zu verstecken und klein zu machen, immer das Gefühl, ich hätte mir das Priesteramt in der Kirche eigentlich zu Unrecht erschlichen.

Wenn wir in die Studienzeit zurückgehen: Da war also einerseits die Erfahrung einer kirchlichen Enge. Stand dem auf der anderen Seite die akademische Weite gegenüber?

Zunächst war da in erster Linie der Zweifel, die Frage, ob ich diesen Weg zum Priester wirklich weitergehen will. Statt ins Germanicum bin ich dann zum Studieren nach Luzern gewechselt, auch dies war recht spontan entschieden. Heute kann ich sagen: Hätte ich dort neben dem Studium nicht auch eine andere Art von Kirche erlebt, hätte ich mir das Ganze womöglich wirklich anders überlegt. Mich hat das Selbstbewusstsein, mit dem dort Gemeinden ihren eigenen Weg gesucht haben, beeindruckt. Ich habe dort zum Beispiel Leitungsmodelle, die nicht von Priestern abhängig waren, kennengelernt. So etwas kannte ich bis dahin gar nicht. An der Uni faszinierten mich vor allem die Vorlesungen in Fundamentaltheologie bei Dietrich Wiederkehr, der sehr stark von der Befreiungstheologie geprägt war. Ich konnte viele Befreiungstheologen aber auch direkt erleben, genauso kritische theologische Denker:innen wie Dorothee Sölle und Eugen Drewermann. Schließlich war kurz zuvor in Luzern das Romero-Haus eröffnet worden, ein Bildungshaus, in dem ich etliche dieser großen Theolog:innen zum ersten Mal unmittelbar hören durfte. Auch das Schicksal von Geflüchteten ist mir damals erstmalig näher gekommen, weil ich ehrenamtlich in einer Erstaufnahmestelle gearbeitet habe. Nach zwei Jahren im Priesterseminar ging es jetzt auf einmal nicht mehr darum, ein perfekter Seminarist zu sein, sondern ich war viel stärker mit meinem Christsein befasst. Der Studienaufenthalt in Luzern hat sicher mit dazu beigetragen, dass seither die politische Seite des Christentums für mich maßgeblich ist.

Und dann ging es wieder nach Würzburg …

Ich kam aus Luzern zurück und war innerlich ganz anders aufgestellt. Ich hatte dort so viel entdeckt, was ich aus Würzburg nicht kannte. Und ich hatte schon die Hoffnung, dass es auch in Deutschland einmal so sein könnte. Für mich persönlich war klar, dass ich mich nicht mehr in ein Schema pressen lassen wollte. Mit Erlaubnis des Bischofs bin ich dann auch bald aus dem Priesterseminar ausgezogen und habe mit zwei Freunden eine Wohngemeinschaft gegründet. Im Seminar hätte ich nicht mehr atmen können.

1994 wurdest du dann zum Priester geweiht, und es folgten zwei Stationen als Kaplan. Die Theologie, die Uni hast du aber nicht gelassen?

1996 wurde ich zur Promotion freigestellt, und von 1998 bis 2004 war ich wissenschaftlicher Mitarbeiter am Lehrstuhl für Biblische Einleitungswissenschaft in Würzburg. Die Zusammenarbeit und die in den Jahren gewachsene Freundschaft mit dem Lehrstuhlinhaber Professor Karlheinz Müller hat mich sehr geprägt. Er war ein Mensch, der einem durchaus einiges abverlangt hat. Die Grenzen zwischen Dienstzeit und Freizeit zum Beispiel waren sehr durchlässig. Es war selbstverständlich, auch abends oder am Wochenende für den Lehrstuhl zu arbeiten. Gleichzeitig habe ich mich nie kontrolliert oder ausgebeutet gefühlt. Vor allem aber verdanke ich Karlheinz Müller unendlich viel. Vielleicht ist es eine der glücklichsten Fügungen auf meinem Lebensweg, dass ich ihn zum Lehrer und Freund haben durfte. So etwas passiert einem nicht häufig im Leben. Er hat mich nie manipuliert, sondern mir viel Freiheit gelassen und geholfen, so zu sein, wie ich werden wollte. Dazu gehört die intensive wissenschaftliche Beschäftigung mit der Bibel, die Einführung ins Judentum, aber auch das Interesse für Gegenwartskunst, für Theater und für die Dichtung …

Wieviel Müller für mich getan hat, wird vielleicht an einer sehr persönlichen Episode besonders deutlich. Es war am Vorabend meiner Priesterweihe. Da kam zunächst der Bischof zu den so genannten Puncta ins Priesterseminar und segnete die Primizkelche. Im Anschluss war die ganze Nacht eucharistische Anbetung, und es wurde erwartet, dass man mit der

Hausgemeinschaft betete und sich zurückgezogen auf die Weihe am nächsten Tag vorbereitete. Aber abends, kurz nach den Puncta, rief Karlheinz Müller bei mir an und teilte mir mit, dass seine Frau und er mich in 15 Minuten am Tor des Priesterseminars abholen würden. Da war keine Widerrede möglich. Müller begrüßte mich mit den Worten: „Jetzt vergessen wir mal für zwei Stunden diese ganze metaphysische Angelegenheit!" Und dann haben wir gegessen, getrunken und über alles Mögliche geredet. Als ich danach ins Seminar zurückkam, freute ich mich immer noch sehr auf meine Weihe – ich war aber auch wieder geerdet. Und ich merkte, wie schädlich diese Überfrachtung eigentlich war: die Erwartung, die ganze Nacht vor dem Tabernakel zu knien … Vor dieser Überhöhung beziehungsweise Einschüchterung hat mich das Ehepaar Müller an diesem Abend bewahrt und damit das entscheidende Vorzeichen für den Weihetag gesetzt.

In der Weiheliturgie selbst gibt es ja dann die *Prostratio:* Die Kandidaten „werfen sich nieder", legen sich zur Allerheiligenlitanei und zum Weihegebet flach auf den Boden. Brigitte Müller hat mir hinterher erzählt: Als sie uns so gesehen hat, sei ihr der Gedanke durch den Kopf geschossen: „Hoffentlich lebt und liebt ihr weiter!" Dass ich Menschen wie sie um mich hatte, die mir solche Sätze mitgegeben haben – das war für mich immer so etwas wie ein Schutzschild gegen klerikale Selbst- bzw. Fremdüberhöhung.

Im Kloster – In der KHG

Wir fahren ins Kloster und in die Hochschulgemeinde – in die gegenwärtigen Lebens- und Glaubensräume von Sr. Philippa und Burkhard. In der altehrwürdigen Abtei St. Hildegard erzählt Sr. Philippa vom Leben in der Gemeinschaft, vom „Talentschuppen" Kloster, aber auch von „Kreuzeserfahrungen" wie der Pflege ihrer demenzkranken Schwester. Burkhard und seine quirlige Hündin Dora begrüßen uns im modernen, offen-einladenden Gebäude in der Innenstadt. Er berichtet vom Gemeindeleben, dem „Experimentierfeld KHG" und einer ganz besonderen Teamkultur.

***

Mit 33 muss man wissen, wo man hingehört – Sr. Philippa

Sr. Philippa, wie ist dein Weg ins Kloster verlaufen?

Als ich 21 Jahre alt war, im Februar 1977, ging eine meiner leiblichen Schwestern ins Kloster und trat in unsere Abtei ein. Sie war die Nächstältere von uns fünf Geschwistern. Kloster war für mich damals sehr fremd, ungewohnt und offen gesagt ziemlich schräg und bizarr. Ich war im Gegensatz zu meinen Geschwistern nie in einer Klosterschule gewesen, kannte also eigentlich keine Ordensleute – außer aus dem Kindergarten, wo es Sr. Maria-Irmlinda gab, die ich sehr liebte, und Sr. Renate, die wir alle fürchteten. Klosterleben war damals also etwas völlig Neues für mich. Durch meine Schwester habe ich die Abtei St. Hildegard dann schon früh kennengelernt. Denn natürlich haben wir sie öfter besucht, und ich fand diesen Lebensentwurf mit der Zeit auch durchaus interessant und spannend, ohne dabei aber zunächst an mich selbst zu denken. Damals wollte ich gerne Mutter mehrerer Kinder werden und habe nach einem Partner Ausschau gehalten, der Pferde hat – möglichst einem westfälischen Gestütsbesitzer. (lacht) Der ist mir jedoch nicht begegnet. Zudem war ich gerade mitten im Studium und unsere Eltern, die sehr bildungsbeflissen waren und viel Wert auf eine gute Ausbildung legten, bestanden darauf, dass ich zuerst mein Studium abschloss. Das tat ich dann auch. Danach kam immer wieder etwas anderes dazwischen, was mich davon abhielt, mich ernsthaft mit der Möglichkeit einer klösterlichen Berufung auseinanderzusetzen. Nach Abschluss des Studiums bekam ich ein Angebot von KNA (Katholische Nachrichten-Agentur), dann kurz vor Ende des Volontariats ein Angebot des Deutschlandfunks, später eines vom Herder-Verlag. Auch gab es einen Freund, mit dem ich mir durchaus ein gemeinsames Leben hätte vorstellen können.

Im Rahmen einer Reportage zum Thema 1000 Jahre Abtei Frauenchiemsee ist dann aber der Klostergedanke in mir auf einmal wieder ganz laut und vernehmlich erwacht. Heute denke ich, dass der Ruf schon lange da war, ich ihn aber einfach nicht gehört oder auch geflissentlich überhört habe. Dann kam mein 33. Geburtstag, zu dem ich Freund:innen und Kolleg:innen eingeladen hatte. Mit dabei war auch ein sehr wohlwollender älterer Kollege, der mir gratulierte und sagte: „Ja, liebe Frau Rath, mit 33 muss man wissen, wo man hingehört." Der meinte damals, wie er mir später erzählte, dass ich den Rest meines Lebens nun bei Herder im Verlag verbringen würde, dass dies meine wahre Berufung sei. Bei mir lösten seine Worte aber etwas ganz anderes aus. Ich spürte mit einem Mal: Ja, du musst dich endlich entscheiden, musst der Stimme Gottes in dir endlich Raum geben. Viele Jahre hast du sehr vieles von dem gehabt, was ein glückliches und erfülltes Leben ausmacht. Und doch warst du nie wirklich ganz glücklich. Es blieb immer ein letztes Stück Leere und Unerfülltheit und eine irgendwie unstillbare Sehnsucht nach Mehr. Ein Gefühl, das ich im Kloster später nie wieder hatte. Ich beschloss also: Jetzt oder nie. Drei Wochen nach meinem Geburtstag fuhr ich nach St. Hildegard. Edeltraud Forster, unsere damalige Äbtissin, fragte mich, noch bevor ich auch nur ein einziges Wort sagen konnte: „Wann wollen Sie eintreten?" Sie hatte es wohl geahnt. Ich habe dann nur noch gestottert, was sonst eigentlich nicht so meine Art ist. Und sie sagte: „Am 17. Februar können Sie kommen." Meine

Schwester im Kloster wusste zu diesem Zeitpunkt noch von nichts. Ich fuhr zurück nach Freiburg, habe meine Stelle und meine Wohnung gekündigt, meine Möbel und meine Garderobe verschenkt, mit dem Verleger Hermann Herder und meinem Chef Hubert Schlageter gesprochen und bin am 17. Februar 1990 in unsere Abtei eingetreten. Was ich den beiden inzwischen längst verstorbenen Herren noch heute hoch anrechne, ist, dass sie mit keinem Wort versucht haben, mich von meinem Entschluss abzubringen. Sie sagten damals nur: „Wir bedauern es sehr, dass Sie uns verlassen, aber wenn Sie diesen Weg gehen wollen, dann müssen Sie es tun."

Und warum hast du dich genau für diese Abtei entschieden?

Ich kannte viele Klöster durch die Arbeit und hatte auch schon verschiedene Orden kennengelernt. Aber für mich kam am Ende dennoch kein anderes in Frage. Die Weite des Hauses und die Weite des Geistes haben wohl den Ausschlag gegeben. Ich hatte schon ein bisschen Zweifel, ob es gutgehen würde mit zwei Geschwistern Rath in einem Kloster. Meine Schwester war auch kein kleineres „Kaliber" als ich. Aber sie hatte ganz andere Talente und Aufgaben: Sie war hochmusikalisch, Organistin, Kantorin und Noviziatsleiterin – vor ihrem Eintritt war sie Lehrerin gewesen. Alles Dinge, die ich nicht konnte und kann. Die Äbtissin sagte damals: „Wir bekommen Sie beide schon gut aneinander vorbei, weil Sie nie in Konkurrenz zueinander treten werden." So ist es dann auch gekommen. Wir kamen tatsächlich wunderbar aneinander vorbei, allerdings nur so lange, bis meine Schwester an Demenz erkrankte. Dann war ich auf einmal ihr einziger Flucht- und Ankerpunkt.

Wie hat deine restliche Familie reagiert?

Unsere Mutter war damals schon verstorben, und unser Vater litt bereits seit Jahren ebenfalls an Alzheimer-Demenz. Ich denke, sie hätten genauso wie 13 Jahre zuvor bei meiner Schwester reagiert. Sie hätten es zwar bedauert, uns jedoch niemals daran gehindert, unseren Lebensweg zu gehen und unserer Berufung zu folgen. Wir waren eine gut katholische Familie. Priester und Ordensleute waren uns vertraut. Was für unsere Eltern sehr schwer war, war die Klausur, die damals noch viel strenger gehandhabt wurde als heute. Früher fanden Elternbesuche ausschließlich im Sprechzimmer statt. Heute ist es selbstverständlich, dass wir die Eltern besuchen, in den Ferien zu ihnen fahren oder bei einem Besuch mit ihnen am Rhein spazieren gehen oder Kaffee trinken. Das hätten unsere Eltern sicher sehr genossen.

Und deine Geschwister?

Unser einziger Bruder war schon als Kind gestorben. Ihn habe ich leider nie kennengelernt. Meine fünf Jahre ältere Schwester war seit 13 Jahren in St. Hildegard. Für sie war mein Eintritt sicher auch mit gemischten Gefühlen verbunden. Vielem im Leben können wir nur in der Rückschau einen Sinn geben. Heute bin ich überzeugt, dass Gott mich auch deshalb ausgerechnet hierhergeführt hat, um meiner Schwester später in den langen Jahren ihrer Demenzerkrankung beistehen zu können. Unsere beiden ältesten Schwestern sagten damals: „Wenn du das tun musst, dann tu es. Wir sind tolerant und können damit leben." Unsere mittlere Schwester fand meinen Schritt total verrückt, hätte mir aber auch niemals Steine in den Weg gelegt. Sie sagte nur lakonisch: „Ich habe dich ja auch nicht gefragt, wen ich heiraten soll." Womit sie natürlich vollkommen recht hatte. Wir Geschwister haben uns dann viele Jahre regelmäßig einmal im Jahr hier im Kloster getroffen. Heute sind wir leider nur noch zu dritt, drei von uns sind schon zu Gott vorausgegangen.

Wie bist du eigentlich zu deinem Klosternamen gekommen? Wählt man sich den Namen selbst?

Ich durfte damals drei Vorschläge machen. Der Apostel Philippus ist mir von jeher sehr sympathisch. Er ist so direkt, so unverstellt und unkompliziert. Sein Wort „Herr, zeig uns den Vater, das genügt uns" (Johannes 14,8) und der sich daran anschließende Dialog haben mich lange Zeit begleitet und spiegeln genau meine Frage nach dem Einssein von Gott-Vater und Gott-Sohn. Außerdem bedeutet Phil-hippos Pferdefreund, und da ich eine begeisterte Pferdefreundin bin, passt der Name einfach zu mir. Gott sei Dank hat die Äbtissin ihn dann auch ausgewählt. Ich bin sehr glücklich mit meinem Namen.

Du hast einmal gesagt, dass Klöster auch „Talentschuppen" sein können. Hast du das selbst auch so erfahren?

Oh ja! Ich habe schon viele verschiedene Aufgaben in unserem Kloster gehabt und dabei auch manche Talente in mir entdeckt, von denen ich gar nicht wusste, dass ich sie hatte. Im Noviziat war ich einige Jahre in der Krankenstation eingesetzt, was mir sehr viel Freude gemacht hat und wo ich viel gelernt habe, was ich später bei der Betreuung meiner demenzkranken Schwester gut gebrauchen konnte. Dann war ich einige Jahre Assistentin unserer beiden Hildegardforscherinnen, was nahelag, weil ich u. a. Geschichte studiert hatte. Auch das war eine schöne und interessante Zeit und hat mir die Kenntnisse vermittelt, die ich später, 2010/11, als Postulatorin im Heiligsprechungs- und Kirchenlehrererhebungsprozess unserer Klostergründerin Hildegard von Bingen dringend benötigte. 1998 wurde ich dann Cellerarin unseres Klosters und war damit verantwortlich für die wirtschaftlichen Belange und Betriebe unserer Abtei. Das war eine extrem herausfordernde Zeit, aber dank meines Studiums der Politikwissenschaft und einiger Semester Betriebswirtschaft konnte ich mich auch hier relativ schnell einarbeiten. Als die Demenzerkrankung meiner Schwester voll ausbrach, habe ich diese Aufgabe dann abgegeben und mich 15 Jahre lang ihrer Betreuung gewidmet. In den Abendstunden habe ich damals ein Fernstudium der Logotherapie und Existenzanalyse absolviert, das mir damals selbst sehr geholfen hat und das mir heute hilft, Menschen in Krisen- und Konfliktsituationen zu begleiten. Nach dem Tod meiner Schwester im Mai 2020 hat mich dann mein Engagement im Synodalen Weg ganz in Anspruch genommen. Die beiden Bücher zum Thema Frauenpriestertum entstanden und viele Vortragseinladungen und auswärtige Verpflichtungen aller Art folgten. Heute bin ich neben meinem Engagement in den Reformprozessen unserer Kirche Vorständin der Klosterstiftung Sankt Hildegard und Geschäftsführerin des Freundeskreises unserer Abtei, beides Aufgaben, die viel mit der Begleitung von Menschen zu tun haben. Die einzige Aufgabe, die ich während meines ganzen Klosterlebens ununterbrochen innehatte, war die Presse- und Medienarbeit, was sich einfach anbot durch meine journalistische Tätigkeit vor dem Eintritt. Diese Arbeit liegt mir auch nach wie vor besonders am Herzen. Die vielen Kontakte zu Medienschaffenden sind bereichernd und geben mir immer wieder die Möglichkeit, Brücken des Verstehens zwischen Kloster und Welt zu bauen. Lange Rede, kurzer Sinn: So viele interessante Aufgaben, wie ich im Kloster hatte, hätte ich in einem normalen Berufsleben wohl nie gehabt. Wer offen ist und sich auf Neues einlassen kann, findet im Kloster vielfältigste Entfaltungsmöglichkeiten.

Du hast dich für ein benediktinisches Kloster entschieden. Was hat dich an dieser Spiritualität so fasziniert?

Der Benediktinerorden ist der älteste Orden überhaupt. Dahinter verbirgt sich eine 1500 Jahre alte Tradition, die mich schon per se fasziniert hat und immer noch begeistert. Wenn eine Lebensform sich über eine so lange Zeit hinweg bewährt hat und dabei immer frisch geblieben ist, dann war und ist das für mich schon sehr überzeugend. Unsere Ordensregel, die Regel des heiligen Benedikt, die dieser um 540 auf dem Montecassino verfasst hat, ist für mich in ihrer Ausgewogenheit, Menschenfreundlichkeit und Lebensweisheit nach wie vor wegweisend und ansprechend. Natürlich gibt es da auch Zeitbedingtes, das heute unserem Lebensgefühl kaum noch entspricht, aber die spirituellen Grundlagen sind aus meiner Sicht gleichbleibend aktuell. Gottsuche in Gemeinschaft ist eine beliebte Formel, die unser Leben in aller Kürze beschreibt. Ja, das wollte ich: Gott suchen in allen Dingen, in allem, was ich erlebe, und in allem, was mir widerfährt und begegnet. Und zwar nicht allein, sondern in einer Gemeinschaft mit vielen verschiedenen und ganz unterschiedlichen Mitschwestern. Der (Lebens-) Raum der Liturgie und des Gebets, der Gregorianische Choral vor allem, haben mich sehr angesprochen. Das gemeinschaftliche Chorgebet und das persönliche Gebet, beten für die Welt und beten für die Kirche, beten für alle, die nicht oder nicht mehr beten können: das alles ist mir wichtig. Aber auch die andere Seite unseres Lebens: Arbeit und Gastfreundschaft, Studium und Geistliche Lesung. Benediktinische Klöster waren von Anfang an die großen Kulturträger in ganz Europa. Das sieht man hier im Rheingau noch exemplarisch. Und so verstehen wir uns auch heute, wenn wir Konzerte und Veranstaltungen anbieten, oder wenn wir – wie vor fünf Jahren geschehen – eine Hildegard-Akademie als Zentrum für Wissenschaft, Forschung und europäische Spiritualität gründen. Die Mönche und Nonnen sollen von ihrer Hände (und Köpfe) Arbeit leben, heißt es in der Benediktsregel. Genau das tun wir, in unterschiedlichsten Aufgaben und Betätigungsfeldern, die sich zeitbedingt naturgemäß auch immer wieder verändern. Dieser Flexibilität und Anpassungsfähigkeit ist es sicher auch zu verdanken, dass unsere Klöster die Zeiten überdauert haben und immer wieder in der Lage waren, sich neu zu erfinden. Zusammengefasst: Ich liebe dieses maßvolle und ausgewogene, nüchterne und bodenständige, traditionelle und gleichermaßen moderne, innovative benediktinische Leben. Es ist mir zur Heimat geworden.

Du hast dich intensiv mit eurer Gründerin, der heiligen Hildegard, befasst. Hast du über die Jahre eine besondere Beziehung zu ihr entwickelt?

Zu Beginn meiner Beschäftigung mit Hildegard von Bingen hatte ich offen gesagt einige Mühe. Ihre theologischen Visionsschriften sind harte Kost und lassen einen zunächst einmal zurückschrecken. Liest man aber ihre Briefe und die Texte ihrer Lieder, so findet man leichter Zugang. Denn in ihnen ist ihr Gedankengut wie in einem Brennglas komprimiert. Im Laufe der Jahre und dann vor allem im Zuge meiner Aufgabe als Postulatorin im Heiligsprechungs- und Kirchenlehrererhebungsverfahren ist mir Hildegard dann Schritt für Schritt nähergekommen. Sie muss eine faszinierende, wahrhaft prophetische und charismatische Gestalt gewesen sein, eine, wenn nicht gar die letzte Universalgelehrte der Geschichte, die Theologie und Philosophie, Kosmologie und Musik, Kunst, Natur- und Heilkunde scheinbar mühelos und ganz natürlich miteinander verband. Hildegard ist für mich ohne Zweifel die größte Frau des Mittelalters. Ihr Leben lang rang sie um die Fragen von Gott, Welt und Mensch und hat in ihrem Werk eine wahrhaft kosmologische Theologie entwickelt. Schon das ist unvergleichlich. Dabei war sie aber immer geerdet und lebenszugewandt. Gerade darin hat sie sich als echte Benediktinerin erwiesen, die Himmel und Erde miteinander in Berührung bringt. Letztlich wollte sie nichts anderes, als den Glauben in glaubensloser Zeit verkünden, den Menschen, die – wie auch heute – Gott zunehmend vergessen hatten, den Himmel wieder ein Stück weit öffnen. Unzählige Menschen haben bei ihr Rat gesucht und Hilfe gefunden. Zu ihrer Zeit, aber auch bis in unsere Zeit hinein. Jedes Jahr kommen Tausende von Menschen in unser Kloster, die auf den Spuren Hildegards nach neuen Perspektiven für ihren Glauben und für ein heiles und sinnvolles Leben suchen.

Hinzu kommt, dass die heilige Hildegard vor allem in den letzten Jahren in ganz besonderer Weise zur Leitfigur für engagierte Frauen in der Kirche geworden ist. Auch für mich. Natürlich kann und darf man sie nicht für unsere heutigen Anliegen, wie die Öffnung aller Ämter für Frauen, als Kronzeugin benennen – das war vor 900 Jahren wahrhaftig kein Thema und außerhalb jedes Denkhorizonts. Dennoch war Hildegard das, was wir heute eine emanzipierte Frau nennen würden. Sie war sich ihrer Würde als Frau sehr bewusst und trat den mächtigen Männern in Kirche und Welt immer auf Augenhöhe gegenüber. Sie prangerte Missstände und Machtmissbrauch schonungslos an. Sie gründete und leitete souverän zwei Klöster – das Kloster Rupertsberg bei Bingen und das Kloster Eibingen, deren Nachfolgekloster unsere heutige Abtei St. Hildegard ist. Sie scheute sich als geweihte Äbtissin auch nicht, neue Formen in der Liturgie einzuführen, und verteidigte diese vehement gegen kritische Stimmen von außen. Dass Papst Benedikt XVI. diese Frau nach mehreren vergeblichen Versuchen in der Kirchengeschichte dann 2012 endlich offiziell heiligsprach und sie sogar zur Kirchenlehrerin ernannte, war eine späte Genugtuung für alle, die sich in den letzten 100 Jahren mit ihrem Werk beschäftigt und sie immer schon als Heilige verehrt haben. Besonders bewegt hat mich in diesem Zusammenhang, dass Papst Benedikt die über 900 Jahre währende Verehrung Hildegards im Heiligsprechungsprozess als Wunder anerkannt hat. Die *vox populi,* die Stimme des Kirchenvolkes, war also am Ende das Entscheidende. Wenn das kein Fingerzeig Gottes ist, bei weiteren Entscheidungen mehr auf den *sensus fidelium* zu hören ...

Wo innerhalb des Klosters ist dein spiritueller Ort?

Mein spiritueller Ort ist derzeit meine Zelle. Der Ort, an dem ich bei mir selbst und bei Gott zuhause bin. Das hat sich im Laufe der Jahre aber immer auch einmal gewandelt, denn ich glaube, wir durchleben alle in unserem Glaubens- und auch im Ordensleben immer wieder verschiedene Phasen und haben dann auch je andere spirituelle Orte, die uns prägen. Einige Jahre lang war mein besonderer spiritueller Ort mein Platz im Chorgestühl, eine andere Zeitlang war es unsere Kirche. Auch die Natur und unseren Garten, auch den Klosterfriedhof habe ich immer wieder als meine bevorzugten spirituellen Orte erfahren. Sehr geprägt bin ich durch die Jahre, in denen ich meine demenzkranke Schwester betreut habe. Mit ihr zusammen habe ich viele Jahre lang an einem Teil unseres Chorgebetes per Übertragungsanlage teilgenommen. Dadurch ist mir der Raum meiner Zelle noch mehr ans Herz gewachsen: als Ort des Gebetes, als Ort des liturgischen Mitfeierns und als Ort der Gottesbegegnung.

Und was ist mit der Gemeinschaft?

Das ist die andere Seite derselben Medaille. Ich liebe die Zurückgezogenheit, genauso aber die Gemeinschaft. Ich bin gern allein, lebe aber auch gern mit anderen Menschen zusammen. In unserer Gemeinschaft von St. Hildegard leben vier Generationen unter einem Dach: Die jüngste Schwester ist 35, die älteste 95. Das ist sehr spannend und bereichernd. Wir sind sehr verschiedene Frauen, eine bunte Mischung unterschiedlicher Charaktere und Temperamente, unterschiedlicher Lebenswege, Ausbildungen und Berufe. Was uns eint, ist unsere gemeinsame benediktinische Berufung zu einem Leben in der Nachfolge Christi: konkret in Gebet und Betrachtung, Studium und Lesung, Arbeit und Gastfreundschaft. Je älter ich werde, desto bereichernder finde ich das Gemeinschaftsleben. Die Vielfalt an Charismen und Begabungen, die man im Kloster entfalten und neu entdecken kann, ist für mich ein großes Geschenk. Natürlich ist es auch immer wieder eine Herausforderung, in einer großen Gemeinschaft zusammenzuleben. Es funktioniert nur deshalb, weil wir eine gemeinsame Mitte haben: Christus. Ansonsten hätten sich die meisten von uns sicher niemals kennengelernt. Das Stundengebet, die Liturgie ist die entscheidende Verbindung zwischen uns. Ich vergleiche das gern mit einem Rad: Die Radnabe in der Mitte ist Christus. Wir alle sind wie die Speichen eines Rades auf die Mitte, das heißt, auf ihn hin ausgerichtet und halten so gemeinsam das Rad am Laufen.

Man hat also mit dieser Mischung aus eigener Zelle und Gemeinschaft gleichsam das Beste aus beiden Welten?

Ja. Einsamkeit und Gemeinschaft, Zurückgezogenheit und Weltoffenheit, Schweigen und Kommunikation sind die Pole, die unser Leben ausmachen. Dies konkret zu leben, ermöglicht uns nicht zuletzt auch unser großes und schönes Klostergebäude. Wir haben wunderschöne Räume – die Kreuzgänge, den Kapitelsaal, die Bibliothek, das Skriptorium, das Refektorium, den Konventraum. Sie alle sind sehr hoch und sehr groß und atmen Weite und zugleich Geborgenheit. Das ist für mich sehr wichtig, deshalb hat es mich auch zu diesem konkreten Ort hingezogen. Unser Haus bietet wunderbare Möglichkeiten für die einzelnen wie auch für die Gemeinschaft. Das alles spiegelt sich auch in unserem Gästehaus wider. Hinzu kommt das weitläufige Gartengelände mit seinem herrlichen Blick über das Mittelrheintal. Hier kann man problemlos mehr als eine Stunde spazieren gehen, ohne an ein Ende zu kommen. Flusslandschaften wie der Rheingau sind für mich ohnehin immer etwas Besonderes. Flüsse prägen die Menschen und ihre Kultur. Ich bin am Rhein geboren und bewusst auch wieder an den Rhein zurückgekehrt. Schöne Klöster gibt es überall, aber die Landschaft am Rhein, der rheinische Katholizismus und die rheinische Klosterkultur sind für mich doch einzigartig.

Du sagtest: „Es ist auch immer wieder eine Herausforderung, in einer großen Gemeinschaft zusammenzuleben." Gibt es denn altbewährte Methoden, um im Kloster Konflikte zu lösen?

Bei uns gibt es verschiedene Konfliktlösungsstrategien, die schon der heilige Benedikt in seiner Ordensregel vorsieht. Die erste ist, dass er im vierten Kapitel, Vers 73, sagt: „Vor Sonnenuntergang Frieden schließen". Das ist aus meiner Erfahrung tatsächlich der beste Weg: Konflikte nicht lange mit sich herumtragen, zu den eigenen Fehlern und Versäumnissen stehen, nicht nachtragend sein. Wenn dies so nicht gelingt, kommt die Äbtissin ins Spiel, der der Friede in der Gemeinschaft natürlich ein besonderes Anliegen ist. Sie versucht dann, mit den Konfliktpartnerinnen gemeinsam eine Lösung zu finden. Die Äbtissin kann auch eine Mitschwester bitten, zu vermitteln. Es gibt auch Fälle, wo von außen Mediatoren hinzugebeten werden, aber das ist selten. Normalerweise werden Konflikte auf gute und konstruktive Weise intern gelöst. Das ist auch notwendig, denn eines unserer Gelübde ist ja die *stabilitas*, die Beständigkeit hier vor Ort und in dieser Gemeinschaft. Wir können nicht „fliehen", in eine andere „Filiale" gehen oder versetzt werden. Wir haben dieses unser Kloster einmal für immer gewählt. Das ist unser Lebensraum. Hier bleiben wir in der Regel bis zum Tod. Deshalb ist es ein Anliegen aller, möglichst schnell Lösungen für anstehende Konflikte zu finden. Der Friede in der Gemeinschaft ist ein hohes Gut. Wir können uns, wie ich schon sagte, auf Dauer nicht aus dem Weg gehen, wie das in anderen Orden möglich ist. Wobei man nüchtern sehen muss, dass man sich auch bei einem Ortswechsel selbst immer mitnimmt. Da gibt es mancherlei Ähnlichkeiten mit Eheleuten, die sich scheiden lassen und sich später wundern, dass es mit einem neuen Partner ähnliche oder die gleichen Konflikte gibt. Wir hier müssen uns ehrlich den Ursachen stellen, auch den eigenen Anteilen an den Konflikten. Nur so kann aus meiner Sicht auch die Reifung zu einer echten Persönlichkeit gelingen.

Die persönliche Reifung beinhaltet nicht nur die angenehmen Seiten des Lebens. Du hattest persönlich auch schwierige Zeiten und Krisen …

Ich denke, jeder Mensch hat seine ganz spezifischen und persönlichen Lebenserfahrungen und sieht sich dabei vor immer neue Aufgaben gestellt. Ich habe es, ohne dass dies ein besonderes Verdienst ist, vielleicht eher eine Gnade, irgendwie geschafft, auch die leidvollen Erfahrungen in meinem Leben als mir von Gott zugewiesene Aufgaben zu betrachten. Dabei hat mir sicher mein Glaube und mein unbedingtes Vertrauen in Gott geholfen. Ich sage aber auch offen, dass ich in manchen Zeiten auch durch Glaubenskrisen gegangen bin. Wenn man, wie ich dies bei meiner demenzkranken Schwester erlebt habe, einen unaufhaltsamen geistigen Abbau bei einer noch nicht einmal 50-Jährigen Tag für Tag hautnah miterlebt, dann ist das nicht leicht. Für mich war es dabei ungeheuer wichtig, mir immer wieder bewusst zu machen, dass demenzkranke Menschen die gleiche Würde haben wie jeder andere Mensch, dass diese Würde unantastbar und unverletzlich ist und dass die Kranken ihre geistige Dimension, wie Viktor Frankl dies einst nannte, auch in ihrer Krankheit niemals verlieren. Das habe ich bei meiner Schwester in den 15 Jahren, die ich sie bis zu ihrem Tod begleitet und gepflegt habe, wirklich erlebt: Obwohl sie viele Jahre nicht mehr sprechen konnte und sie keinerlei Orientierung mehr hatte, so kann ich bezeugen, dass sie zwar nichts mehr wusste, aber alles verstand, und dass sie mit ihren Augen beredter sprechen konnte als viele mit ihrem Mund. Mich haben die Jahre mit meiner Schwester insgesamt sehr bereichert, auch wenn sie mich nicht selten an den Rand meiner Kräfte gebracht haben. Die Rede vom Kreuz, vom Kreuztragen und von der Kreuzesnachfolge wurde für mich da auf einmal ganz existentiell.

Weil das auch so eine menschliche Urerfahrung ist?

Mag sein. Es ist aber auch das Ohnmachtsgefühl, das es in einer solchen Situation auszuhalten gilt. Wir ewigen Macherinnen und Manager können in einer solchen Situation einmal nichts tun, wir können den Prozess nicht aufhalten, wir können nichts rückgängig machen, nichts beschleunigen. Man fühlt sich wie angenagelt, kann nicht ausweichen, kann nur da sein, beten und darauf vertrauen, dass Gott, der „Ich-bin-da" (Exodus 3,14), in allem mit dabei ist.

Eine konkrete Erfahrung hat mir in dieser Zeit einmal sehr geholfen. Ich war wieder einmal an einem Tiefpunkt angelangt und dachte, ich schaffe es nicht mehr. Ich hatte ein Keramik-Kreuz in meiner Zelle an der Wand hängen. Daran habe ich mich in dieser Zeit im übertragenen Sinn oft festgehalten. Das war mein Kreuz, vor dem ich beten konnte. Dann eines Nachts ist es mit voller Wucht auf den Boden gefallen und in tausend Stücke zerbrochen. Als es hell wurde, sah ich, dass an der Wand, wo das Kreuz gehangen hatte, ein weißes Lichtkreuz erschienen war. Das Keramik-Kreuz hat dort jahrelang gehangen, und Wände dunkeln ja nach. Auf einmal war da also ein hellleuchtendes weißes Kreuz an der Wand. Das war für mich eine zutiefst spirituelle Erfahrung. Das Dunkel des Kreuzes war zerbrochen und dann strahlte aus dem Dunkel ein neues Licht auf. Es fühlte sich an wie eine Auferstehung mitten im Leben. Von da an ging es mir besser. Ich habe neue Kraft schöpfen und weitermachen können. Das sind Erfahrungen, die unvergesslich sind und einem helfen weiterzuleben. Auch viel später noch, denn die Erinnerung an dieses Geschehen bleibt ja immer. Oder ein anderes kleines Erlebnis. Meine Schwester hatte schon neun Jahre kein Wort mehr gesprochen. Eines Tages schaute sie mich völlig unvermittelt mit großen Augen an und sagte: „Danke, du bist so gut!" Das rührt mich heute noch zu Tränen. Danach hat sie bis zu ihrem Tod kein Wort mehr gesprochen.

Ja, das war schon eine sehr besondere Zeit damals in den Jahren 2005 bis 2020. Ich führte eine Art Einsiedlerleben mitten im Kloster, konnte jahrelang kaum präsent sein in der Kommunität. Wir wohnten in einem Seitenflügel des Klosters, zusammen mit einer älteren Mitschwester, die mir viele Jahre lang eine große Stütze war. Die Heilige Messe und das Stundengebet hörten wir über eine Übertragungsanlage. Wir haben gemeinsam aber auch viel Schönes erlebt. Köstliche Situationen, über die ich heute noch schmunzeln kann. Und wir haben es geschafft, uns die Treue zu halten und bis zum Ende zusammenzubleiben. Die ältere Mitschwester starb 2014, meine Schwester 2020. Ich war bei beiden dabei, als sie heimgingen. Nach langem Leiden durften sie am Ende ruhig und friedlich einschlafen. Immer wenn ich heute ein wichtiges Anliegen oder Problem habe, dann gehe ich auf unseren Klosterfriedhof und sage den beiden: „Ihr müsst mir jetzt helfen." Sie sind beide immer noch sehr präsent für mich und wirkliche Fürsprecherinnen beim Vater. Am Tag als meine Schwester starb, erreichten mich übrigens die ersten Rückmeldungen der Frauen, die ich im Zusammenhang mit der Arbeit im Synodalen Weg um ein priesterliches oder diakonisches Lebens- und Berufungszeugnis gebeten hatte.

Eine Tür schließt sich und eine öffnet sich …

Genau so war es. Für mich war es auch wie ein Vermächtnis meiner Schwester. Es schien mir, als würde sie sagen: „Ich gehe jetzt, und du wendest dich nun neuen Aufgaben zu." Mich bewegt diese zeitliche Parallelität noch heute. Ich bin fest davon überzeugt, dass das eine Fügung Gottes war, dass er wirklich mit uns unterwegs ist und uns immer begleitet. Wir müssen nur wieder lernen, achtsamer und aufmerksamer für seine Anwesenheit im Alltag zu werden.

Die Wegzeichen Gottes …

Viele Menschen gehen an diesen Wegzeichen allzu achtlos vorüber. Dabei sind das alles Hilfen auf unserem Weg. Wie bei Elija (1 Könige 19,3ff.), der unter dem Ginsterstrauch saß und nahe daran war aufzugeben. Und der dann von Gott eine Wegzehrung für das nächste Stück Weg bekam. Wir bekommen immer so viel, wie wir brauchen, um die nächsten Schritte zu gehen. Diese Erfahrung hat mich durch mein ganzes bisheriges Leben getragen.

Wie ist das Klosterleben für dich aktuell?

Ich liebe unsere so lebendige und bunte Gemeinschaft. In ihr bin ich zuhause. Ich bin gerne unterwegs und unter anderen Menschen, freue mich aber immer, wenn ich wieder daheim bin. Ich würde den Schritt in unsere Abtei auch heute ziemlich sicher wieder so gehen. Ich habe gefunden, was ich gesucht habe, und bin doch gleichzeitig auch immer weiter auf der Suche – nach dem großen Mehr, nach Gott. Ich bin jetzt 34 Jahre Benediktinerin, genau die Hälfte meines Lebens. Und tatsächlich habe ich es noch keinen Tag bereut. Auch habe ich mich – ganz anders als viele Menschen vielleicht denken mögen – noch keinen einzigen Tag gelangweilt. Über das Kloster als „Talentschuppen“ sprachen wir ja schon. Ich konnte und durfte viele Talente, die Gott mir geschenkt hat, einbringen. Schon in der Zeit vor meinem Eintritt, aber genauso auch hier. Die wohl schwierigste Phase in meinem Leben, das Alter, steht mir nun bald bevor. Wer weiß: vielleicht kommt noch etwas ganz Neues zum Vorschein. Ich möchte der göttlichen Fantasie keine Grenzen setzen. So gehe ich einfach immer weiter, dankbar für alles, was gewesen ist, und neugierig auf alles, was kommt.

In den letzten Monaten hat sich bei euch im Kloster viel getan und manches ist in Bewegung …

Wir haben im letzten Jahr eine neue Äbtissin gewählt, nachdem die alte nach Vollendung ihres 70. Lebensjahres den klösterlichen Regelungen entsprechend von ihrem Amt zurückgetreten war. Leitungsämter werden in den Klöstern heute selbstverständlich auf Zeit vergeben. Nach der Neuwahl wurden wie immer nach einer Neuwahl manche Ämter neu besetzt. Noch wichtiger für uns ist aber, dass wir mit einem Zukunftsprozess begonnen haben, im Rahmen dessen wir darüber nachdenken, wie wir das Leben unserer Gemeinschaft in Zukunft gestalten wollen und wie wir unser inzwischen zu groß gewordenes Gebäude auf Dauer sinnvoll nutzen können. Ein Stück weit ist dies auch ein synodaler Weg, der mehrere Jahre in Anspruch nehmen wird. Klöster sind immer ein Abbild der Kirche, Kirche im Kleinen. Wie die Kirche als Ganzes, so werden auch wir weniger, möchten dies aber als Chance nutzen, um uns weiter zu öffnen und Wege zu suchen, wie wir unser Kloster mit anderen Menschen teilen können, ohne dabei unsere eigene Identität als benediktinische Gemeinschaft aufzugeben. Wir sind überzeugt, dass sich Menschen – einzelne oder Gruppen – finden werden, die sich mit uns gemeinsam auf dieses Abenteuer einlassen. Die Spiritualität des heiligen Benedikt und der heiligen Hildegard bieten dafür ein gutes Fundament und einen idealen Rahmen.

Und was sind eure Pläne dafür?

Es gibt viele Ideen und Möglichkeiten. Wir stehen noch ganz am Anfang. Unsere neue Äbtissin geht alles beherzt, aber auch besonnen und wohlüberlegt an. Eine professionelle Begleitung für den Prozess haben wir inzwischen auch gefunden. Alles Weitere wird die Zukunft erweisen. Wichtig ist uns, dass am Ende alles von allen gemeinsam entschieden wird. Wir sind also auch hier sehr synodal unterwegs.

Die ganzen kirchlichen Veränderungen spiegeln sich also bei euch wider und korrespondieren miteinander.

Genauso ist es. Und auch wir können bezeugen, dass Synodalität zwar viel Zeit braucht, dass sie am Ende aber äußerst fruchtbringend ist und die Gemeinschaft zusammenschweißt. Alle müssen mitgehen können, alles muss transparent sein. Das ist wichtig und wird auch von außen so wahrgenommen. Ich denke, unsere benediktinischen Werte – Gottsuche und Selbstfindung, Gebet und Arbeit, Gemeinschaft und Beständigkeit, Maß und Mitte, Hören und Schweigen, Stabilität und Beweglichkeit, Dankbarkeit und Ehrfurcht, Freude und Hoffnung, Führen und Dienen –

haben der Welt auch heute noch viel zu sagen. Die Menschen, die in unsere Klöster kommen, spüren das und fühlen sich von diesem Geist inspiriert und angespornt.

Und ihr habt ja der Welt viel zu sagen!

Nicht nur wir. Die Kirche insgesamt und vor allem unsere christliche Botschaft hat so viel zu sagen und zu geben – gerade in dieser unserer Zeit. Was mich wirklich betrübt, ist allerdings, dass all die Skandale das, was wir an Wertvollem haben und geben könnten, so sehr verschatten.

Reich Gottes zu entdecken gehört zu unserer DNA – Burkhard

Burkhard, nach dem Blick auf das, was dich geprägt hat, sind wir jetzt in der Gegenwart angekommen. Seit 2008 bist du Hochschulpfarrer und leitest die Katholische Hochschulgemeinde (KHG) in Würzburg. Was ist das für ein Ort?

Die KHG ist vor allem ein Ort der Begegnung. Alle, die an den Würzburger Hochschulen studieren, lehren und arbeiten, sind hier willkommen. Sie sollen Zeit und Raum finden für soziales, politisches und gesellschaftliches Engagement – sowie eine offene und weite Spiritualität. Zunächst einmal will die KHG ein Raum sein, in dem Studierende jenseits des Leistungsanspruchs der Hochschule nichts vorweisen oder beweisen müssen. Unser Leitwort lautet: „Studieren ist mehr als …" Und genau dieses „Mehr als" sollen vor allem die jungen Menschen hier leben und erleben können. Sie sind ja in einer ganz wichtigen Phase, in der sie sich in vielem orientieren. Es ist die Phase, in der viele zum ersten Mal von zu Hause getrennt ihr Leben organisieren müssen. Für manche ist es auch die Zeit erster Beziehungsversuche, die immer auch mit Erfahrungen der Enttäuschung oder des Scheiterns verbunden sind. Scheitern und Frustration begleiten übrigens auch den Studienalltag mit den vielen Prüfungen und dem Druck, etwas zu Papier bringen oder im Labor zum Erfolg führen zu müssen. Und dann ist das Studium vor allem eine Lebensphase der Selbstfindung. Welchen Beruf will ich ansteuern? Was passt zu mir? Welche Werte und Haltungen sollen mein Leben prägen? Wenn Studierende vor diesem Hintergrund erfahren, dass sie bei uns weder etwas leisten noch irgendwelchen kirchlichen Vorgaben entsprechen müssen, sondern – positiv gewendet – dass wir einen guten und sicheren Raum für ihre Persönlichkeitsentwicklung bieten, dann ist das ein ganz wertvoller Dienst an jungen Menschen. Für mich ist das eine sehr sinnvolle und erfüllende Arbeit.

Wie kann das aussehen?

Ich bin immer wieder berührt, wenn junge Menschen davon erzählen, was ihnen diese Zeit in der KHG gegeben hat. Manchmal passiert das, wenn sich Studierende nach dem Examen eigens bei uns in der KHG verabschieden. Ich denke zum Beispiel an junge Leute, die sich vorher nie als politische Menschen bezeichnet hätten. Aber dann haben sie in unserem Asyl-AK mitgemacht, eher aus dem unbestimmten Antrieb, neben dem Studium noch „etwas Sinnvolles" machen zu wollen. Und durch diese Arbeit entdecken sie, dass es für ihr Leben ganz wichtig ist, sich zu engagieren und sich eben auch politisch zu positionieren. Ganz ähnlich ist es mit unseren kulturellen Arbeitskreisen, etwa dem Theater-AK. Die vielen Stunden, die Studierende mit gemeinsamen Proben verbringen oder Nächte hindurch Bühnenbilder bauen – das sind Erfahrungen, die das Leben prägen und meistens wesentlich intensiver in Erinnerung bleiben als so manches, was Studierende an der Uni erleben. Und schließlich sammeln viele, die sich mit traditionellen kirchlichen Formen eher schwertun, ganz neue Erfahrungen im Bereich der Spiritualität. Neben Meditations- und Yoga-Angeboten gibt es klassische Formen, die wir sehr bewusst an die Lebenssituation junger Menschen anpassen. So bieten wir individuell gestaltete Schwellen- bzw. Segensrituale an, wenn jemand zum Beispiel für einen längeren Auslandsaufenthalt Würzburg verlässt oder das Studium abschließt. Aber auch Veranstaltungen wie Sonnenaufgangs- und Sonnenuntergangsrituale im Freien, Fotoexerzitien oder „Exerzitien auf der Straße“ gehören zum Repertoire einer weiten Spiritualität, wie wir sie in der KHG zu pflegen versuchen.

So erreicht ihr Menschen, die wenig mit Kirche anfangen können?

Das vielleicht markanteste Beispiel hierfür: Vor etwa fünf Jahren fragten mich Studierende, ob ich für sie ein Hochzeitsritual gestalten könne, das nicht so viel mit Gott zu tun hat – schließlich seien sie nicht gläubig. Das wirkt erstmal von außen besehen irritierend, es hat mich aber vor allem berührt, zeigt es doch, wie groß das Zutrauen in uns in der KHG ist, dass wir Menschen bei so einem wichtigen Schritt begleiten, ohne sie zu missionieren. Derart zugespitzt ist das sicher eine Ausnahme. Aber dass jemand sagt: „Wenn ich aus Würzburg wegziehe, werde ich wohl nicht mehr zur Kirche gehen“, das passiert öfters. Und von Menschen, die weggegangen sind, höre ich häufig: „Ich habe das nicht mehr gefunden, was ich bei euch in Würzburg hatte.“ Das bedeutet, dass in der KHG Kirche auf eine Weise erfahrbar wird, die nicht einfach verlängerbar oder übertragbar ist auf andere gemeindliche Kontexte. Viele entwickeln ein starkes Gefühl der Zugehörigkeit zur KHG, aber eben nur zu *dieser* Erscheinungsweise von Kirche. Ich finde es wichtig, das so wertzuschätzen und zu respektieren und Menschen auch wieder loszulassen und nicht an die KHG oder an die Großkirche binden zu wollen.

Also auch da seid ihr weit und offen?

Wir stellen zumindest den Respekt vor der Freiheit und Selbstbestimmtheit in unserer Arbeit allem anderen voran. Ich erinnere mich an eine junge Frau, die Religionslehrerin werden wollte und mich um das erforderliche Gutachten für die kirchliche Lehrerlaubnis bat. Normalerweise gehen die Studierenden dafür zu ihrem Heimatpfarrer. Aber diese Frau erzählte mir: „Unser Pfarrer spricht nicht mit Frauen." Wenn ich so etwas höre, regt sich in mir immer wieder Ärger, wie viel Respektlosigkeit gerade in klerikalem Gewand es auch heute noch in der Kirche gibt. Und ich hoffe, dass Menschen wie diese Lehramtsstudierende zumindest für die Zeit ihres Studiums hier etwas anderes erleben: einen Ort, an dem sie geachtet werden, sich wohlfühlen und ihre Spiritualität selbstbestimmt leben können. Und dann gibt es immer wieder diese kostbaren Momente, in denen ich etwas davon mitbekomme, wie KHG ein Stück zur Entwicklung von Persönlichkeiten beiträgt. Das schönste Kompliment, das ich einmal nach einer Predigt erhalten habe, hat mir vor Jahren ein Student nach dem Sonntagsgottesdienst am Ausgang unserer Kapelle gesagt. Er war eigentlich nur zum Gottesdienst gekommen, weil ihn Freunde wegen einer anschließenden Feier mitgenommen hatten. Er gab mir beim Rausgehen die Hand, schmunzelte etwas und meinte: „Weißt du, Burkhard, heute zweifle ich ein bisschen daran, dass ich wirklich so ungläubig bin, wie ich immer geglaubt habe." Das erzähle ich nicht, um den Studenten sozusagen wie ein Trophäe meiner missionarischen Bemühungen zu präsentieren. Im Gegenteil, ich habe kein ausgeprägtes missionarisches Interesse in dem Sinne, Menschen an Kirche binden zu wollen. Ich erzähle diese kleine Geschichte, weil es für mich ein gelungenes Beispiel dafür ist, wie sich in der

KHG für junge Menschen in aller Freiheit und Behutsamkeit Räume öffnen können, in denen sich ihre Persönlichkeit entfalten darf und sie etwas Neues über sich und andere Menschen entdecken, was vielleicht Bedeutung behält.

Wie sieht euer Gemeindeleben konkret aus?

Wenn man unser Programm aufschlägt, fallen einem zunächst die vielen studentischen Arbeitskreise ins Auge. Viele verbinden mit der KHG den Ort, an dem sie mit anderen Musik machen, Theater spielen, sich für Menschen mit Behinderungen engagieren, Freizeit mit Geflüchteten oder mit Gefangenen der JVA verbringen. Im Semester betreten wöchentlich etwa 1.000 junge Menschen das KHG-Zentrum, um an einem der vielen Angebote teilzunehmen. Und dann gibt es natürlich den Bereich der im engeren Sinn spirituellen Angebote. Zentral ist hier der Gottesdienst am Sonntagabend. Das ist ja das, was uns als Christ:innen ausmacht: dass wir Brot und Wein teilen an einem Tisch, an dem für alle Platz ist. Eine Studentin drückte es im laufenden Semester in ihrer Predigt zur Erzählung von der Verklärung Jesu (Mk 9,2–10) so aus: Sie verbinde den Sonntagabend in der KHG mit der intensiven Erfahrung: „Es ist gut, dass wir hier sind“. In diesem Satz, den Petrus auf dem Berg an Jesus richtet, spiegelte sich für sie sowohl die Verbundenheit untereinander und gleichzeitig die Möglichkeit, einmal in der Woche jenseits von Leistung und alltäglichen Ansprüchen das eigene Leben in ein besonderes Licht tauchen zu dürfen. Für mich ein wunderbares Bild für das, was in diesen Gottesdiensten geschieht. Der Sonntagabend ist mir deshalb auch persönlich sehr wichtig. Da kann ich zur Ruhe kommen, selbst wenn ich eine Funktion in der Feier habe. Wobei wir in den letzten Jahren da immer freier und selbstbewusster geworden sind. Früher waren die Gottesdienste in der KHG wesentlich mehr auf mich ausgerichtet, und eigentlich habe immer nur ich gepredigt. Das machen wir nicht mehr so. Ich könnte mir gar nicht mehr vorstellen, alleine da vorne zu stehen. Wir wechseln uns jetzt ab: Eine Kollegin oder ein Kollege aus dem Hauptamtlichen-Team bereitet den Gottesdienst mit Studierenden zusammen vor, und dann predigt jemand aus dieser Gruppe. Ich selbst predige nur noch in größeren Abständen und erlebe es als unglaublich bereichernd, nach Jahrzehnten kontinuierlichen Predigens endlich auch andere Perspektiven wahrzunehmen, die Studierende oder Kolleg:innen bei den Vorbereitungstreffen oder in ihren Predigten mit mir teilen. Ich halte ansonsten den gottesdienstlichen Rahmen und übernehme die Teile, die nach wie vor zwingend vom Priester übernommen werden müssen, etwa die Einsetzungsworte im Hochgebet. An dieser Stelle bleibt es unbefriedigend und wirkt vielleicht auch etwas schräg, weil da letztlich ein magisches Verständnis im Hintergrund steht. Als würden die Gebete nur „wirken", wenn sie ein geweihter Mann betet! Wo es irgendwie möglich ist, entwickeln wir gemeinsam die Gottesdienste weiter und versuchen, uns immer wieder neu zu erfinden, neue Formen zu entdecken. Das gehört zu sozusagen zu unserer KHG-DNA.

Hast du dafür ein Beispiel?

Manchmal entwickelt sich zum Beispiel etwas aus einer Idee, die auf den ersten Blick vielleicht kurios erscheint. Aber in einer KHG gibt es dafür eben Raum und wenig Hemmungen, etwas auszuprobieren, was es so vorher noch nicht gegeben hat. Wir haben uns zum Beispiel gefragt, wie wir nach Corona die Menschen wieder mehr zusammenbringen können. Und da fiel von einer Studierenden, die aus einem Dorf im Allgäu stammt, das Stichwort „Frauentragen im Advent". Dabei wird eine Marienfigur von einer Familie zur anderen, von einem Haushalt zum anderen weitergereicht. Das fanden wir spannend, auch wenn wir uns schnell einig waren, dass es in der traditionellen Form nicht zu uns passt. Aber wir haben gedacht, dass wir ja etwas anderes herumtragen können – eine Figur, die für junge Menschen heute vielleicht zugänglicher ist als eine traditionelle Marienstatue. Und so kamen wir mit Ralf Knoblauch in Kontakt. Er ist Diakon in Bonn und schnitzt seit einigen Jahren Königsfiguren, mit denen er das Thema der menschlichen Würde in die Welt tragen will – und das im eigentlichen Wortsinn. Er verkauft diese Figuren eigentlich nicht, sondern er vertraut sie Menschen an, denen dieses Thema der Würde besonders wichtig ist und die diese Figuren an verschiedene Orte der Welt mitnehmen und in Kontexte hineinstellen, in denen Würde ein Thema ist. So waren Königsfiguren von Ralf Knoblauch schon in Flüchtlingslagern auf Lesbos, in Kriegs- und Krisengebieten und immer wieder auch in Israel und Palästina zu Gast. Dabei entstehen Fotos und Geschichten, die Menschen miteinander teilen. Auch in Kliniken und Altenheimen, in Schulen und auf Behörden in Deutschland sind solche Königsfiguren unterwegs. Und so haben auch in der KHG im Advent die Menschen sich gegenseitig eingeladen und diese Figur mitgebracht. Viele haben damit erstmal gar nicht die christliche Botschaft im engeren Sinn verbunden. Sondern sie haben in ihrer WG, in Arbeitskreisen oder mit Freund:innen über Menschenwürde gesprochen und ihre Gedanken dann gemeinsam mit Fotos in einem Logbuch dokumentiert. So haben wir eine uralte und auch veraltete Tradition genommen und davon ausgehend eine ganz tolle, unaufdringliche und vor allem zeitgemäße Form gefunden, um Menschen über einen so zentralen Wert wie die Achtung der menschlichen Würde ins Gespräch zu bringen.

Eine wichtige Rolle spielen in dieser Hinsicht auch unsere E-Mail-Advents- bzw. -Fastenzeitkalender, die sich inzwischen zu so etwas wie einem virtuellen spirituellen Raum, in dem persönliche Erfahrungen und Werte geteilt werden, entwickelt haben. Jeweils zu den geprägten Zeiten laden wir Studierende dazu ein, ein Kalenderblatt zu einem Tag zu gestalten. Die Blätter werden täglich an einen Verteiler versandt, für den man sich unkompliziert über unsere Website anmelden kann. Jede Fastenzeit und jeder Advent werden mit einem Thema versehen, das die Autor:innen der einzelnen Tage inspirieren will. In Corona-Zeiten gab es in der Fastenzeit bewegende Beiträge unter dem Thema „Hinter der Maske – was mein Leben reicher macht". Ich erinnere mich auch an eindrucksvolle und zum Teil sehr persönliche Texte in einer Adventszeit, die unter dem Motto „Erzähle mir (d)eine Geschichte!" stand. Hatten wir anfänglich noch Probleme, Autor:innen für die einzelnen Tage zu finden, führen wir inzwischen eher Wartelisten. Es ist offensichtlich eine für viele angemessene Form, sich in einem virtuellen Raum zu verbinden und Spiritualität zu teilen.

Nun kann man sich aber leicht vorstellen, dass dieser freie Umgang manchen in der Kirche zu wenig katholisch ist. Was sagst du jemandem, der nach einem traditionelleren Profil fragt?

Die KHG *ist* Kirche, und zwar nicht als Biotop oder als Insel. Sondern wir verstehen uns als Kirche im vollen Sinn, wie andere Orte es auf ihre Weise eben auch tun. Ich halte nichts von einer Selbstbeschränkung auf ein Nischen-Dasein. Manchmal bekomme ich das ja so zu hören: „Du hast es gut, du hast deine Nische in der Kirche gefunden." Ich habe ein anderes Selbstverständnis. KHG ist genauso Voll-Kirche wie der Vatikan oder die Würzburger Domgemeinde. Die Eucharistie, die wir hier feiern ist nicht weniger Liturgie als irgendwelche Pontifikalämter. Wem im Gottesdienst in erster Linie wichtig ist, dass die sogenannten Rubriken eingehalten werden, dass also alles formal korrekt abläuft, der ist bei uns sicher nicht richtig. Heute hat jeder Mensch die Freiheit und auch die Wahl, einen Ort zu finden, an dem er den Gottesdienst in der Weise feiern kann, die ihm persönlich entspricht. Ich möchte noch etwas hinzufügen, was sich für mich persönlich in meiner Rolle im Laufe der Jahre verändert hat. Als ich angefangen habe, dachte ich: Es geht vor allem darum, die Botschaft „heutiger", angemessen und zeitgemäß zu transportieren. Heute finde ich, das war zu wenig – oder besser gesagt: es war immer noch zu klerikal gedacht. Ich finde eine Haltung schwierig, wonach vor allem ich als Priester etwas mitbringen würde oder zu geben hätte. Ich bin vielmehr ein Entdecker. Meine Profession ist es – theologisch gesprochen – eher, Reich Gottes zu entdecken, anstatt eine Botschaft zu bringen, so als wäre sie zuvor nicht da gewesen. Ich möchte es so ausdrücken: Meine Haltung hat sich im Laufe der Zeit verändert, auch mein Verständnis davon, was es heißt „missionarisch" tätig zu sein. Es war so etwas wie eine Entdeckung, als ich im vergangenen Jahr diese Haltung in Worten eines alten Missionars wiedergefunden habe. Im April 2023 führte die Journalistin Christiane Florin im Deutschlandfunk ein Interview mit Paulo Suess, der seit 1966 als Missionar in Brasilien lebt (https://www.deutschlandfunk.de/zeitzeugen-im-gespraech-der-theologe-paulo-suess-dlf-

787c3584-100.html). Er gilt als einer der bekanntesten Vertreter der „Theologie der Befreiung“. Auf die Frage, was eigentlich ein Missionar mache, antwortet Suess zunächst: „Er muss vor allem dazulernen (...), vom hohen Ross runtergehen.“ Gegen Ende des Gesprächs wird deutlich, was er darunter versteht. Christiane Florin wollte von dem alten Missionar wissen, was er in der Rückschau über seine Tätigkeit in Brasilien sagen könne, und fragte: „Was haben Sie zum Besseren bewirkt?“ Suess entgegnete zunächst: „Ich glaube, das ist die falsche Frage.“ Stattdessen gehe es ihm um die Frage „Wer bist du jetzt geworden in diesem Prozess? (...) Ich denke, das Missionarische, das ist nicht der Erfolg, sondern das ist die Veränderung, die in den Personen selbst geschieht, die da kommen, ein hörendes Herz haben, die dann anders werden und aus diesem Anderssein dann vielleicht zukunftsweisend sind, was sie vorher nicht waren.“ Vielleicht ist das Wesentliche, das ich bisher über Kirche und über meine Rolle als Priester in der Begegnung mit Menschen, gerade auch mit Studierenden in der KHG, gelernt habe: Ich bin bescheidener geworden. In meinen Erwartungen, aber auch in meinem Anspruch auf schnelle Sichtbarkeit oder „Erfolge“. Ich lerne in der KHG auch: Heute Kirche zu sein braucht vor allem die Bereitschaft, bisherige Konzepte loszulassen und noch nicht zu wissen, wie es geht.

Du sagst: „Kein Biotop, keine Insel“. Aber empfindet ihr euch zumindest ein wenig als ein Experimentierfeld für neue Formen von Kirche?

Wir haben hier nicht den Anspruch und auch gar nicht das Interesse, Kirche zu reformieren. In erster Linie geht es uns in der KHG darum, die christliche Botschaft gemeinschaftlich mit einer äußeren Form und mit einer inneren Haltung zu verbinden, die in die Gegenwart und in die Lebenswelt von Studierenden hineinpassen. Das bedeutet, dass wir eine Form von Kirche leben, die Zugehörigkeit auf Zeit ermöglicht, weil Studierende ohnehin nur wenige Semester am gleichen Ort sind. Bei den Wahlen für unsere Gemeindeleitung legen sich Studierende vorher darauf fest, für ein oder zwei Semester zu kandidieren, mehr nicht. Es ist toll, wenn sich Menschen in der Kirche engagieren, aber es ist gleichermaßen wichtig, nicht zu rekrutieren oder Menschen ein schlechtes Gewissen zu machen, wenn sie wieder weiterziehen. Etwas, das mir zunehmend auffällt, ist auch die kirchliche Sprache, die für viele eine Barriere darstellt. In einer Hochschulgemeinde geht es sowohl in den Gottesdiensten als auch in unseren Gremien immer wieder darum, eine Sprache zu entwickeln, die nicht der kirchlichen Sonderwelt entspringt und gleichzeitig zum Beispiel im Gottesdienst nicht ins Banale abgleitet. Wir arbeiten in Gottesdiensten, aber auch bei Impulsen in den Social Media deshalb häufig mit poetischen Texten, die zum Teil auch von Studierenden selbst verfasst werden. Und dann versuchen wir natürlich auch unsere gemeindlichen Strukturen so weiterzuentwickeln, dass sie weniger hierarchisch und stärker demokratisch geprägt sind. Wir haben zum Beispiel kürzlich die Leitungsstruktur in unserem Pastoralteam verändert. Denn auch wenn wir sie immer schon sehr gemeinschaftlich interpretiert haben, war selbst bei uns die Struktur – „gut katholisch" – hierarchisch auf den Hochschulpfarrer ausgerichtet. Das ist aus der Zeit gefallen. Wir haben uns im Team dafür entschieden, dass wir es anders haben wollen, dass wir Leitung anders organisieren und weniger auf einen Priester ausgerichtet gestalten wollen. Es war toll, dass sich alle darauf eingelassen haben und ganz konkret eine Kollegin bereit war, in die Leitungsebene zu wechseln. Das ist ja nicht ganz ohne, in einem Team die Rolle zu wechseln.

Und hat es funktioniert?

Es war und ist nach wie vor total spannend. Ganz banal haben wir auf diese Weise festgestellt, wie viele Privilegien der Hochschulpfarrer früher hatte, angefangen bei einer eigenen Garage. Oder ganz selbstverständlich im größten Büro zu sitzen, vorne, gleich neben dem Sekretariat und mit direktem Zugang zum Innenhof. Wir haben bewusst alle Büros getauscht, und ich habe gemerkt, dass ich mich umstellen muss – und ehrlich gesagt, auch manche Annehmlichkeit vermisse. So banal ist es, wenn man Macht teilt. Es bedeutet Verzicht auf Privilegien. Es ist wertvoll, darüber im Team offen sprechen zu können und die Dynamiken gemeinsam zu reflektieren. Mir helfen solche feinen Beobachtungen, um auch auf anderen Ebenen bestimmte Mechanismen wahrzunehmen. Die Erfahrung mit dem Bürotausch zeigt mir beispielsweise, welche Bedeutung solche Dinge wie Büro oder Dienstwagen haben. Ich fürchte, nicht selten ist das für Menschen wichtiger als theologische Fragen.

Was zeichnet euch als Team sonst noch aus?

Wir sind im Pastoralteam sieben Menschen mit ganz unterschiedlichen Professionen, also nicht nur pastorale Berufsgruppen, und das genieße ich sehr. Zu unserem Team gehören zum Beispiel eine Sozialarbeiterin, eine Theaterwissenschaftlerin und eine Sonderpädagogin. Wir haben sehr unterschiedliche Perspektiven, dabei aber eine große Grundübereinstimmung. Und ich finde, dass wir eine sehr hohe Teamkultur haben. Dazu gehört auch eine große Solidarität, gerade wenn einzelne persönlich gefordert sind etwa mit den alten Eltern, mit eigener Krankheit ... Da wird sehr viel mitgetragen. Oder mein Engagement bei #OutInChurch: Mir war schon klar, dass ich dem Team da auch etwas zumute, wenn ich an die Öffentlichkeit gehe. Von den Kolleg:innen kam da stets das Signal: „Burkhard, wir stehen hinter dir." Dieser Rückhalt hat mir schon mehrfach in schwierigen Situationen geholfen. Ohne dieses Team hätten mich manche Turbulenzen, etwa seinerzeit das erzwungene, anonyme Outing beim Bischof, vermutlich aus der Bahn geworfen.

Wie pflegt ihr eure Teamkultur?

Wir nehmen regelmäßig Supervision und gehen nach meinem Empfinden grundsätzlich sehr achtsam miteinander um – was ich aus anderen kirchlichen Bereichen so nicht kenne. Dazu gehört auch ein Termin, immer dienstags nach unserer Teamsitzung. Da kommen wir in der Kapelle zusammen, meistens beten wir dann im Wechsel einen Psalm – und schweigen eine Viertelstunde. Diese 15 Minuten des gemeinsamen Schweigens, auch wenn es vorher in der Sitzung vielleicht hoch herging, das ist für mich etwas sehr Wichtiges. Es ist eine Unterbrechung des gemeinsamen Alltags, auch des gemeinsamen Arbeitens und Ringens. In diesen 15 Minuten sind wir einfach nur gemeinsam da in der Gegenwart Gottes.

Johann Baptist Metz hat „Unterbrechung" einmal als die kürzeste Definition von Religion bezeichnet …

Dieser Gedanke wird mir in meiner Arbeit immer wichtiger. Zum einen im Sinne kleiner Unterbrechungen, wie wir sie nicht nur als Team in unserem Alltag pflegen, sondern wie wir sie konkret auch den Studierenden ermöglichen. Es gibt zum Beispiel seit einigen Jahren das Angebot „Lernzeit intensiv". Wir laden während der Zeit der intensiven Prüfungsvorbereitung für mehrere Tage Studierende ein, in unseren Räumen in einer festen Gruppe miteinander zu lernen. Der Tag läuft sehr strukturiert ab, beginnt mit einem gemeinsamen Morgenimpuls, dann folgt eine längere Phase für das persönliche Lernen, mittags unterbrechen wieder ein Impuls und das gemeinsame Essen den Lernalltag. Manchmal sorgen auch Yoga- oder andere angeleitete Körperübungen für Unterbrechung. Aber auch in anderer Hinsicht erlebe ich in meinem Arbeitsfeld solche Unterbrechungen, von denen Johann Baptist Metz spricht. Und das betrifft die Haltung, um die wir uns im Team der Hauptamtlichen bemühen. Unterbrechungen von Routinen machen schon insofern unseren beruflichen Alltag aus, weil wir es ständig damit zu tun haben, dass Menschen die KHG verlassen, die wir gerade erst kennengelernt haben und es für das herkömmliche kirchliche Argument „Das war schon immer so!" seitens der Studierenden gar keine Erfahrungsgrundlage gäbe. In unserem Handeln ist also gerade nicht das routinierte und gewohnte Tun ein Anzeichen von Professionalität, sondern an uns ist es, eigene Routinen und Gewohnheiten zu unterbrechen. Das ist die grundsätzliche Haltung, in der wir unsere Arbeit tun.

Neben dem Pastoralteam der Hauptberuflichen gibt es die Gemeindeleitung mit den Studierenden.

Auch das ist ein tolles Miteinander. Die Gemeindeleitung besteht aus fünf Hauptamtlichen und fünf gewählten studentischen Sprecher:innen. Dass wir auch das sehr frei und lebendig auslegen, zeigt eine Episode, die ein paar Jahre zurückliegt. Wir haben immer wieder auch muslimische Studierende, die am Gemeindeleben teilnehmen, sich in Arbeitskreisen oder bei Veranstaltungen engagieren. Und deshalb haben wir seinerzeit überlegt, dass wir auch jemand von ihnen dazu ermutigen, in der Gemeindeleitung mitzuarbeiten. In diesem Zusammenhang haben wir in unsere Satzung geschaut und den Passus gefunden, dass formal nur katholische Studierende in die Gemeindeleitung gewählt werden dürfen. Da stockten zwei unserer studentischen Sprecher:innen und sagten: „Dann dürften wir ja auch nicht da sein." Erst in diesem Augenblick fiel uns auf, dass sie evangelisch waren. Wir mussten alle lachen, denn solche formalen Kriterien wie die Mitgliedschaft in der einen oder anderen Konfession spielen bei uns keine Rolle mehr. Und sie tun es deshalb nicht, weil sie an der Lebensrealität heutiger Studierender vorbeigehen. Studierende kommen in die KHG, nicht weil sie katholisch sind, sondern weil sie dort den Freiraum vorfinden, um ihre eigene Spiritualität zu entwickeln oder um herauszufinden, wofür sie sich engagieren wollen. Das übersteigt herkömmliches Denken in konfessionellen Grenzen. Wie weit das gehen kann, zeigt eine weitere kleine Begebenheit aus dem vergangenen Jahr. Ein Paar fragte mich an, ob ich sie bei ihrer Trauung begleiten könnte. Wir vereinbarten den Hochzeitstermin und auch einen Termin für das erste Vorbereitungsgespräch. Kurz vorher erhielt ich eine Mail der Braut, die ich schon lange aus der

KHG und auch aus unseren Gottesdiensten kenne. Sie schrieb: „Burkhard, bevor wir uns zur Vorbereitung treffen, noch eine kurze Frage: Macht es eigentlich was aus, dass wir beide evangelisch sind?"

Vielleicht abschließend in diesem Kapitel und zugleich vorausblickend auf den nächsten Teil: Mir scheint schon, dass ihr in der KHG eine Gestalt von Kirche lebt, die in die Zukunft weist und auch mir selber sehr sympathisch ist. Wie schaust du generell auf Kirche?

Ich habe Erfahrungen und von dort aus auch Perspektiven, die durchaus widersprüchlich, vielleicht sogar paradox sind. Da ist zum einen diese sterbende Kirche, die wir alle erleben. Wenn ich außerhalb der KHG manchmal in klassischen Pfarrgemeinden aushelfe und mit Menschen dort Gottesdienst feiere, habe ich ganz stark den Eindruck, dass da etwas zu Ende geht. Das hat für mich auch immer noch etwas Erschreckendes, etwas Trauriges. Trotzdem ist es auch gut, dass manches in der Kirche stirbt.

Und dann erlebe ich auf der anderen Seite auch immer wieder eine wachsende Kirche. Aber anders, nämlich zum Beispiel auch ausdrücklich bei und mit Menschen, die ausgetreten sind oder gar nie in der Kirche waren. Ein Beispiel: Wir hatten vor einiger Zeit eine Anfrage von den *Christians for future*. Das ist sicher eine gute Initiative für den Klimaschutz. Aber letztlich frage ich mich, ob es wirklich einen christlichen „Ableger" von *Fridays for future* braucht. Braucht es auf einem berechtigten Anliegen noch einen „christlichen Stempel", um in der Kirche Berechtigung zu erfahren? Als Christinnen und Christen können wir doch einfach auch bei diesen nicht-kirchlichen Initiativen mitmachen, denen wir im Übrigen auch immer wieder einen

Platz bei uns in der KHG geben, ihnen Räume zur Verfügung stellen oder mit ihnen kooperieren. Das ist für mich ein Bild von Kirche-Sein in der Zukunft: Wir sind keine Sonderwelt, in der man nur das macht und auch nur das einen Wert hat, was man selber anbietet und in der Hand hat. Ich glaube, in Zukunft wird es darum gehen, als Kirche viel bescheidener und auch neugieriger aufzutreten, sich Initiativen anzuschließen oder sie zu fördern, auch wenn wir dabei als Kirche nicht die Regeln bestimmen. Es wird in diesem Sinne künftig auch darum gehen, als Kirche sozusagen viel weniger Gastgeber und dafür häufiger Gast zu sein. Wie gesagt: Reich Gottes und Kirche sind nicht deckungsgleich. Und ich entdecke außerhalb institutionell-kirchlicher Grenzen, „in der Welt", sehr viel Reich Gottes. Mit dieser Erfahrung des Entdeckens verbindet sich für mich, um in biblischen Bildern zu sprechen, zunehmend so etwas wie die Freude am Aufgehen einer Saat, die nicht wir als Kirche gesät haben.

Leitgedanken und Engagement

Die Welt muss nicht so bleiben, wie sie ist. Diese Hoffnung und Überzeugung teilen Sr. Philippa und Burkhard. Sie lassen sie in ganz unterschiedlichen Zusammenhängen konkret werden: Während sich die Ordensfrau als „spätberufene Frauenrechtlerin" sieht, erzählt der Hochschulpfarrer vom Einsatz für Marginalisierte. Auch die Kraftquellen der beiden lernen wir kennen: das persönliche und gemeinschaftliche Gebet, die besondere Verbindung mit dem Judentum, das Engagement zusammen mit jungen Menschen, die Liebe zur Kunst und endlose Inselspaziergänge mit dem Hund.

***

Diese mutigen Frauen sind für mich Prophetinnen unserer Zeit – Sr. Philippa

Sr. Philippa, du bist ganz selbstverständlich katholisch aufgewachsen. Wann war für dich einmal so richtig präsent, dass es einen Unterschied gibt zwischen Anspruch und Wirklichkeit der Kirche?

Es gab da verschiedene Schlüsselerlebnisse. Eines war für mich der Umgang unserer Kirche mit unbequemen Theologinnen und Theologen. Um nur einige Namen zu nennen: Karl Rahner, Hans Küng, Eugen Drewermann, Elisabeth Gössmann, Leonardo Boff, Ernesto Cardenal. Alles große Theolog:innen, deren Bücher wir zum Teil verschlungen haben und die für mich und viele andere prägend waren. Nehmen wir nur als ein Beispiel Eugen Drewermanns Buch *Kleriker.* Schon damals hatten wir das Gefühl, dass vieles von dem, was dort stand, eigentlich stimmte und nur deshalb verworfen wurde, weil man der Realität nicht ins Auge schauen wollte. Nach dem Motto: Was nicht sein darf, ist auch nicht. Schockiert hat mich aber vor allem der Umgang der Vatikanischen Glaubenskongregation mit diesen unbequemen Theolog:innen, die mangelnde Gesprächsbereitschaft und Offenheit, die mangelnde Empathie und am Ende die Erbarmungslosigkeit, mit der die Männer und Frauen abgestraft und sozusagen kaltgestellt wurden.

Eine weitere Schlüsselerfahrung waren bestimmte Formen der Liturgie, die für uns als junge Erwachsene und Studierende sehr weit entfernt waren von unserer Lebenswirklichkeit. Auch die für viele weithin unverständliche Kirchensprache erscheint mir in diesem Zusammenhang

höchstem wissenschaftlichem Niveau mit der Frauenfrage, liefern fundierte biblische, kirchengeschichtliche, kirchenrechtliche und dogmatische Argumente, doch ihre Ergebnisse wurden und werden nach wie vor viel zu wenig beachtet und ernsthaft rezipiert. Schon im Vorfeld des Zweiten Vatikanischen Konzils hat zum Beispiel eine längst verstorbene Mitschwester von mir, Marianna Schrader, eine wissenschaftliche Arbeit zum Thema Diakonat der Frau verfasst und sich dabei vor allem mit dem Ritus der Diakoninnenweihe in der alten Kirche der ersten christlichen Jahrhunderte beschäftigt. Sr. Marianna hat diese Arbeit seinerzeit an verschiedene Konzilsväter geschickt, um ihnen gute Argumente für das Thema Frauenweihe an die Hand zu geben. Doch sie haben sie nur mit freundlichen, aber unverbindlichen Worten abgespeist und vertröstet. Und das mit dem fadenscheinigen Argument, dass das Konzil sich zunächst mit dem ständigen Diakonat der Männer beschäftigen müsse. Die Frauen müssten leider noch warten und sich gedulden. Dabei ist es geblieben, bis heute. Inzwischen haben die Frauen nun seit mehr als 60 Jahren gewartet. Dass vielen da inzwischen der Geduldsfaden gerissen ist, ist kein Wunder.

Wenn ich daran zurückdenke, welch eine Aufbruchsstimmung während meines Studiums in der zweiten Hälfte der 70er-Jahre herrschte! Wir Frauen haben damals in den Gottesdiensten selbstverständlich predigen dürfen. Das wurde auch im Studium im Rahmen der Homiletik offiziell gelehrt. Ich selbst war nie jemand, der gerne gepredigt hat. Ich habe auch nie in mir eine priesterliche Berufung gespürt oder wollte Pastoralreferentin werden. Viele andere aber haben das ganz selbstverständlich und natürlich getan und zum Teil im Predigtdienst ein wunderbares Charisma entwickelt. Dann aber, als Johannes Paul II. 1978 Papst wurde, war auf einmal alles vorbei. Die Frauen wurden Schritt für Schritt wieder aus dem Altarraum verdrängt und mussten ihre Träume einer gleichberechtigten Teilhabe erst einmal begraben. Der vorläufige Tiefpunkt dieser Rückwärtsentwicklung war dann das Apostolische Schreiben *Ordinatio sacerdotalis* vom 22. Mai 1994, in dem Papst Johannes Paul II. betonte, die Kirche habe nicht die Vollmacht, Frauen zu weihen, und mit dem er jede weitere Diskussion um die Frauenweihe endgültig unterbinden wollte. Dass ein solches Verbot nicht eingehalten würde und die Debatten umso intensiver fortgeführt würden, war natürlich abzusehen. Bis heute, bis in den Synodalen Weg hinein, streiten sich die Fachleute über die Verbindlichkeit dieser Aussagen von *Ordinatio sacerdotalis*. Bei der fünften und letzten Synodalversammlung habe ich von einer Privataudienz bei Papst Benedikt XVI. im Nachgang zur Heiligsprechung und Kirchenlehrererhebung Hildegards von Bingen berichtet. Unsere damalige Äbtissin Clementia Killewald und ich durften den gerade emeritierten Papst im Frühjahr 2013 in seinem neuen Domizil in den Vatikanischen Gärten besuchen. Bei dieser Gelegenheit hat er uns unmissverständlich gesagt, dass *Ordinatio sacerdotalis* zwar eine wichtige Stellungnahme eines Papstes sei, aber keinesfalls ein Dogma, das Unfehlbarkeit für sich beanspruchen könne. Trotzdem schwebt nach wie vor der Hauch des Unfehlbaren über diesem Dokument. Dies verunmöglicht bis heute ein Weiterkommen in der drängenden Frage der Frauenordination.

Mein persönliches Verhältnis zu Papst Johannes Paul II. ist durch diese ganze Entwicklung bis heute belastet. Ich sehe einerseits, wie viel Gutes und Segensreiches er bewirkt hat. Ich erinnere mich z. B. an seinen historischen ersten Besuch in der römischen Synagoge 1986. In seiner Rede erkannte er damals die Diskriminierungen und das dem jüdischen Volk zugefügte Leid – auch von Seiten der Kirche – an und bezeichnete die Juden mit Hinweis auf die gemeinsamen Wurzeln im Alten Testament als „Lieblingsbrüder". Er verurteilte die Judenverfolgungen und jegliche Form des Antisemitismus in aller Klarheit. Das war etwas ganz Großes. Ohne ihn hätte es wohl auch den Fall des Eisernen Vorhangs und die deutsche Wiedervereinigung nicht gegeben. Gleichzeitig aber hat ihn seine entschiedene Ablehnung des atheistischen Kommunismus leider auch blind gemacht für die Befreiungstheologie und für emanzipatorische Reformbewegungen in der Kirche. Jede Lichtgestalt hat leider immer auch ihre Schattenseiten. Hinzu kommt natürlich, dass sein Pontifikat ein sehr langes war, in dem sich manche Entwicklungen nachhaltig verfestigt haben – bis heute. Auch was das Thema Missbrauch angeht, kommt ja heute vieles an Versäumnissen aus dieser Zeit ans Tageslicht. Wobei wir allerdings gerecht sein müssen und das Verhalten der Amtsträger damals nicht mit dem Wissen und den Maßstäben von heute beurteilen dürfen. Die Verantwortlichen damals sind in einer gänzlich anderen Welt groß geworden. Die heilige Kirche durfte auf keinen Fall befleckt und musste unter allen Umständen geschützt werden. So kam es allzu schnell zu einem einseitigen Täterschutz, und die Opfer gerieten viel zu sehr aus dem Blick. Bei allem Verständnis für die Zeitumstände ist es mir allerdings auch wichtig zu betonen, dass vieles von dem, was geschehen ist oder zugelassen wurde, nicht zu entschuldigen ist.

Und gleichzeitig ist es ja gut, dass jetzt endlich ein Perspektivwandel stattfindet: Zu merken, dass man sich damit auch vom Evangelium entfernt, dass man Verletzte ausgegrenzt statt geheilt hat.

Gerade deshalb dürfen wir nicht müde werden, darauf hinzuweisen, wie zentral Jesu Hinwendung zu den Armen, den Entrechteten und Ausgegrenzten war. Er ist ausnahmslos allen Menschen, gerade den vulnerablen Gruppen, vorurteilsfrei begegnet, hat sie an- und aufgenommen und ihnen schon dadurch Heilung geschenkt. Sein Umgang mit Frauen war beispielhaft. Er ist ihnen stets respektvoll und – wie man heute sagt – auf Augenhöhe begegnet. Wie viele ausgegrenzte und entrechtete Menschen gibt es heute in unserer Kirche: die Opfer von Missbrauch und Gewalt, die Opfer von Vorurteilen und nicht zuletzt die Frauen, die größte Gruppe der Diskriminierten und vielerorts Misshandelten. Der Perspektivwechsel, der derzeit – wenn auch noch viel zu langsam – stattfindet, ist deshalb längstens überfällig. Ich würde ihn als radikale Hinwendung zur Botschaft des Evangeliums bezeichnen. Das bedeutet aber eben auch, dass die im Synodalen Weg erarbeiteten Reformschritte viel mehr sind als bloß äußere Strukturfragen. Sie sind die Frucht eines geistlichen Umkehrprozesses. Sie sind Evangelisierung im besten Sinne.

In den letzten Jahren hast du dich besonders für die Frauen in der Kirche engagiert. Du bezeichnest dich gerne als extrem spätberufene Frauenrechtlerin …

Das Thema Geschlechtergerechtigkeit liegt mir tatsächlich seit einigen Jahren ganz besonders am Herzen. Genauer gesagt seit zehn Jahren. Damals wurde ich gebeten, die Geistliche Leitung der kfd-Gruppe Bingen zu übernehmen. Unsere Gruppe zählt inzwischen fast 100 Frauen zwischen 30 und 100 Jahren. Sehr engagierte Frauen, die viel ehrenamtlich in ihren Pfarreien im Einsatz sind, ohne die die Gemeinden überhaupt nicht mehr funktionieren würden und die an vielen Stellen an die nur allzu gut bekannten gläsernen Decken in unserer männerdominierten Kirche stoßen. Hier wurde ich erstmals für die Frauenfrage in der Kirche sensibilisiert. Ich schäme mich fast, dass dies so spät erfolgte. Aber im Kloster haben wir eben eine hundertprozentige Frauenquote, wenn man einmal davon absieht, dass wir nach wie vor für die Heilige Messe und das Sakrament der Beichte und der Krankensalbung einen Priester benötigen. Parallel zu meiner Aufgabe in der kfd habe ich in den letzten Jahren auch viele Frauen kennengelernt und begleitet, die hauptamtlich als Gemeinde- und Pastoralreferentinnen in unserer Kirche arbeiten. Auch sie leiden oftmals darunter, dass sie ihre Begabungen und Charismen zu wenig einbringen können und von ihren jeweiligen vorgesetzten Pfarrern nicht genügend ernst genommen und beteiligt werden. So konnte ich bei meiner Mitarbeit im Synodalen Weg und im Forum „Frauen in Diensten und Ämtern der Kirche“ also auf reichhaltige Erfahrungen zurückgreifen. Und so sind ja dann auch die beiden Bücher *„Weil Gott es so will“* und *Frauen ins Amt!* entstanden.

Was hat sich seit der Veröffentlichung des von dir herausgegebenen Buches „Weil Gott es so will“ *alles verändert?*

Bei den Autorinnen hat sich seit dem Erscheinen des Buches vor gut drei Jahren tatsächlich sehr viel verändert. Da sind zum einen die positiven Erfahrungen. Zuallererst: Die Frauen haben gemerkt, dass sie nicht allein sind mit ihren Erfahrungen und ihrem Schmerz. Dass sie keine wundersamen Exotinnen sind, sondern dass überall auf der Welt eine Vielzahl von Frauen lebt, die sich zum Priesterinnen- und Diakoninnenamt berufen wissen und diese Berufung nicht leben können. Das daraus entstandene Solidaritätsgefühl ist schon ein enormer Schritt in Richtung Empowerment. Inzwischen ist ein länderübergreifendes Netzwerk berufener Frauen entstanden, in dem ein sehr lebendiger Austausch stattfindet, gegenseitige Stärkung und Ermutigung. Alle gemeinsam haben wir es in den letzten drei Jahren geschafft, das Thema Frauendiakonat und Frauenpriestertum endgültig aus der Tabuzone herauszuholen und innerkirchlich ganz oben auf die Tagesordnung zu setzen. Weder Rom noch eine nationale Bischofskonferenz kann an diesem Thema heute und künftig noch vorbei. Das ist ein wichtiger Erfolg. So werden auch alle Ausbremsversuche – von welcher Seite auch immer – am Ende ins Leere laufen. Davon bin ich überzeugt. Diese Bewegung kann auf Dauer niemand mehr aufhalten. Der Einsatz für Geschlechtergerechtigkeit wird am Ende Erfolg haben. Und irgendwann – in nicht allzu ferner Zeit – werden den Frauen in der Kirche nicht nur die gleiche Würde, sondern auch die gleichen Rechte zuerkannt sein.

Neben den positiven Erfahrungen gab und gibt es natürlich aber auch Veränderungen ins Negative, Rückschläge und Enttäuschungen. Das war leider auch nicht anders zu erwarten. Nicht wenige Frauen sind derzeit enttäuscht von dem, was auf dem Synodalen Weg erreicht bzw. nicht erreicht wurde. Wir hatten hohe Ziele. Die haben wir nur zum Teil erreicht. Das müssen wir nüchtern eingestehen. Ich bin allerdings überzeugt, dass auch gute Kompromisse durchaus ein Erfolg sein können. Frustration muss nicht automatisch in Resignation münden. Wir dürfen nicht den

Fehler machen, nur schwarz-weiß zu denken. Jeder einzelne Schritt kann einen entscheidenden Schritt nach vorn markieren. Der Grundlagentext des Synodalforums III „Frauen in Diensten und Ämtern der Kirche“, der mit großer Mehrheit, auch der Bischöfe, verabschiedet wurde, war zum Beispiel solch ein ganz wichtiger Schritt. Auf diesen wunderbaren Text können wir uns jederzeit berufen, auf ihm können wir aufbauen und damit weiterarbeiten.

Für mich ist auch von großer Bedeutung, dass es uns gelungen ist, tatsächlich Bewusstsein zu verändern: im Kirchenvolk als Ganzem, bei Priestern und Diakonen, bei Bischöfen, auch bei denjenigen, die sich zu Beginn des Synodalen Weges nicht vorstellen konnten, an ein Priestertum der Frau auch nur zu denken. Das spiegelt übrigens auch das Antwortbuch mit den Zeugnissen der 100 Kirchenmänner. Die guten Argumente der Theologinnen im Synodalen Weg haben viele überzeugt, auch wenn noch lange nicht alle den Mut haben, das auch nach außen hin offen auszusprechen. Einige Bischöfe haben inzwischen auch wichtige Schritte in Richtung Geschlechtergerechtigkeit in ihren Diözesen auf den Weg gebracht: Sie haben Laien – Frauen und Männern – eine außerordentliche Tauferlaubnis erteilt, haben Frauen als Gemeindeleiterinnen eingesetzt, Frauen in diözesane Leitungspositionen berufen oder auch neue Aufgabenfelder geschaffen, wie im Bistum Rottenburg-Stuttgart eine Stelle für diakonische und weitergehende Ämter für Frauen. Auf dieser Stelle sitzt heute eine der Autorinnen des Buches *„Weil Gott es so will“*. Es tut sich also etwas in unserer Kirche. Wenn auch zugegebenermaßen vielerorts noch viel zu langsam und viel zu zögerlich. Genau dieses Zähe und Zögerliche, dieses immer neue kräftezehrende Ringen um jeden Fortschritt ist es denn auch, was viele so mürbe macht. Der Geduldsfaden vieler Frauen, die sich zum Teil jahrzehntelang engagiert haben und immer noch engagieren, ist tatsächlich zum Zerreißen gespannt. Auch eine ganze Reihe der Autorinnen unseres Frauenbuches, die noch vor drei Jahren die Priesterinnen- oder Diakoninnenweihe anstrebten, wollen inzwischen gar nicht mehr in das derzeitige „System" Kirche hineingeweiht werden. Sie sagen von sich, dass sie ohnehin bereits priesterlich und diakonisch wirken – allerdings ohne Anerkennung und Beauftragung der Kirche. Offen gesagt haben auch nicht wenige inzwischen einfach genug von der Politik des Vatikans, von den immer neuen Ermahnungen und Interventionen, von Störmanövern, roten Linien und Stoppschildern. Für sie verbindet sich da ein fast unerträglicher Klerikalismus mit römischem Machtgehabe und Zentralismus. Bisweilen kann man sich ja tatsächlich des Eindrucks nicht erwehren, als seien die Bischöfe in den Augen Roms nur weisungsgebundene Filialleiter statt selbständige und unabhängige Leiter von Teilkirchen, mit denen respektvoll und auf Augenhöhe zu kommunizieren wäre. Mehr regionale Selbständigkeit, mehr Anerkennung nationaler Unterschiede, mehr Eigenständigkeit der Teilkirchen wären heute das Gebot der Stunde.

Die katholische Kirche muss sich ja vielleicht nicht überall gleich (schnell) bewegen und uniform sein?

Deshalb ist mein wichtigstes Desiderat und auch meine große Hoffnung im Blick auf die Weltsynode, dass in verschiedenen Regionen der Welt unterschiedliche Wege beschritten und unterschiedliche Geschwindigkeiten gegangen werden können. Dass es möglich wäre, zum Beispiel in einem Teil der Welt Frauen zu Diakoninnen und Priesterinnen zu weihen, und andere Teile der Welt erst einmal zuwarten und die für sie derzeit brennenderen Probleme in den Blick nehmen. Auf Dauer wird es keine friedliche und gerechte Entwicklung und keine Lösung der innerkirchlichen Problemstellungen geben ohne Regionalisierung. Wir müssen Einheit in Vielfalt endlich zulassen und einüben.

Dass dies gelingen kann und auch sehr bereichernd ist, sieht man im Kleinen in unseren Klöstern: In den Konventen sind sehr unterschiedlich geprägte Menschen mit vielfältigen Meinungen beieinander. Das ganze Spektrum innerhalb der Kirche bildet sich hier ab. Und trotzdem leben wir in Frieden und gegenseitiger Achtung zusammen. Wir gehen Schritt für Schritt entlang der tagesaktuellen Themen gemeinsam weiter und versuchen dabei, immer wieder eine neue zeitgemäße Vision unseres Ordenslebens zu entwickeln. Dazu braucht es den guten Willen aller, mehr noch aber das einende Band des Gebets. Das ist in unserem klösterlichen Zusammenhang das Entscheidende. Es sind die Gebetszeiten, die den Tag strukturieren. Es sind aber auch die Gebetszeiten, die dem Miteinander der Gemeinschaft Struktur geben und das Zusammenleben und Zusammenbleiben garantieren.

Wäre das vielleicht auch für die Weltsynode eine Chance?

Selbstverständlich. Die Gebetszeiten und die Zeiten der Stille und des Hörens sind bei großen synodalen Zusammenkünften sehr wichtig. So haben wir es in Frankfurt erlebt, und so war es auch in der ersten Session der Weltsynode in Rom. Das gemeinsame Gebet fördert die Einheit und gibt dem Wirken des Geistes Raum. Damit verschwinden Meinungsunterschiede und Konflikte zwar nicht, aber sie werden auf andere Weise ausgetragen und sprengen die tiefere Einheit nicht. Ich gehe immer davon aus, dass Gott verschiedene Denkansätze, Richtungen und Meinungen durchaus haben will, sonst würde er sie nicht zulassen. Reibung erzeugt bekanntlich auch Wärme. Und eine solche kann das wechselseitige Verstehen nur fördern.

Gleichwohl bleibt das Ringen um Fortschritt zäh und kräftezehrend, wie sich beim Synodalen Weg gezeigt hat. Du warst selbst als Synodale dabei und insbesondere im Frauenforum engagiert …

Der Synodale Weg umfasste insgesamt fünf Vollversammlungen, vier davon in Präsenz und eine digital. Hinzu kamen die Sitzungen der Foren und die von einzelnen Arbeitsgruppen innerhalb der Foren. Es war also schon ein sehr aufwändiger und kräftezehrender Prozess. Die Stunden, die wir in Zoom-Konferenzen verbracht haben, kann ich kaum mehr zählen. Es waren sicher hunderte. Daneben galt es auch, sehr viele Papiere zu lesen und zu durchdenken, Änderungsvorschläge und Ergänzungswünsche einzubringen und vieles mehr. Zu Beginn sind wir mit großem inneren Engagement ans Werk gegangen, spürten wir doch die Verpflichtung, den vielen Opfern von sexualisierter Gewalt wenigstens ansatzweise gerecht zu werden und möglichst nachhaltige Vorschläge zu erarbeiten, um die systemischen Ursachen der Missbrauchs- und Vertuschungsverbrechen zu bekämpfen. Zäh wurde es immer dann, wenn sich die Gegner des gesamten Synodalen Weges und einzelner Themen darin darauf verlegten, unfruchtbare Geschäftsordnungsdebatten zu beginnen und damit den Fortgang der inhaltlichen Gespräche zu blockieren. Im Frauenforum war das leider immer wieder ein großes Problem, das uns viel Zeit und Nerven gekostet hat. Die dadurch verloren gegangene Zeit hat uns am Ende doch sehr gefehlt. Ähnlich erging es uns auch in den Vollversammlungen, die immer wieder ausgebremst wurden durch römische Interventionen oder durch Blockaden aus dem Kreis der Bischöfe. Mit Grauen erinnere ich mich an den ersten Tag der Vierten Vollversammlung, als dem Grundlagentext des Forums IV „Leben in gelingenden Beziehungen – Liebe leben in Sexualität und Partnerschaft" von Seiten der Bischöfe die notwendige Zweidrittelmehrheit verweigert wurde. Kaum jemand, der damals dabei war, wird die Tränen und die Verzweiflung der queeren Synodal:innen und die ohnmächtige Wut und Enttäuschung vieler anderer Delegierten wohl jemals vergessen. Daneben gab es aber auch sehr viele positive Erfahrungen und hoffnungsvolle Begegnungen. Das dürfen wir auf keinen Fall vergessen. Viele Bischöfe und Lai:innen haben alles gegeben, um den Synodalen Weg voranzubringen und eine synodale Kirche auf den Weg zu bringen.

Wie ging es dir nach der abschließenden Synodalversammlung?

Ich habe mich nach der fünften und letzten Synodalversammlung erst einmal einige Zeit zurückgezogen. Wir waren alle ziemlich erschöpft. Das Ganze war eine unglaubliche Anstrengung, physisch, geistig und auch psychisch. Je weiter der Synodale Weg voranschritt, desto schärfer wurden ja die Interventionen von außen und desto rauer wurde auch mancherorts der Ton. Manche der Synodalinnen und Synodalen sahen sich sogar massiven Angriffen ausgesetzt. Da ich bewusst nicht in den Sozialen Netzwerken unterwegs bin, blieb ich diesbezüglich weitgehend verschont. Aber ich weiß von anderen, dass sie beschimpft, beleidigt und auch bedroht wurden. Das hat mich doch sehr beschäftigt und nachhaltig betrübt. Besonders leid tat mir, dass manche Meinungsverschiedenheiten so hochgekocht wurden und es uns nicht gelungen ist, mit der Minderheit der Delegierten, die die meisten Reformvorschläge ablehnten, sinnvoll und sachlich ins Gespräch zu kommen. Irritierend fand ich auch, dass vier delegierte Frauen, die vorher deutliche Präsenz gezeigt hatten, vor der fünften Vollversammlung plötzlich gänzlich aus dem Prozess ausstiegen. Mir tat dieser Diskursabbruch leid, da deren Beiträge in vielem zwar nicht meiner Meinung entsprachen, es aber doch interessant war, ihre Argumente zu hören. Auch das Verhalten der vier Bischöfe, die sich bis zuletzt kaum gesprächsbereit zeigten und sich sogar zur Feier der Heiligen Messe mehrfach von der Gesamtversammlung distanziert hatten, habe ich sehr bedauert. Ich bin also am Ende mit gemischten Gefühlen nach Hause gefahren. Einerseits dankbar für das Erreichte und die vielen guten Reformansätze, dankbar vor allem auch für die vielen wunderbaren Menschen, die ich auf dem gemeinsamen Weg kennenlernen durfte, andererseits aber auch ernüchtert und ein wenig ratlos. Es überwog die Überzeugung, dass uns noch viel zu tun bleibt auf dem Weg zu echten, tiefgreifenden Reformen und zu einer wirklich synodalen Kirche.

War das für dich auch ein Gegensatz zu den ersten Versammlungen?

Am Anfang herrschten weithin Aufbruchsstimmung und viel Hoffnung. Wir sind mit großem Elan ans Werk gegangen, um die Kernthemen zu bearbeiten, die als systemische Ursachen des sexuellen Missbrauchs erkannt worden waren. Mich selbst hat vor allem die Arbeit im Forum III „Frauen in Diensten und Ämtern der Kirche“ interessiert und bewegt. Geschlechtergerechtigkeit war und ist mein zentrales Anliegen. Ich bin sehr froh, dass der so starke, inhaltsreiche und wegweisende Grundtext des Frauenforums in der vierten Vollversammlung mit so breiter Mehrheit verabschiedet wurde. Das hätte auch anders kommen können. Auf diesen Text beziehe ich mich immer wieder. Ich weiß auch, wie intensiv er im In- und Ausland gelesen und rezipiert wird. Er ist ein Meilenstein, der bleiben wird in der Debatte um Geschlechtergerechtigkeit in der Kirche. Die beiden dazugehörigen Handlungstexte, in denen es um konkrete Anwendungsfelder des Grundlagentextes ging, mussten wir im Verlauf der letzten Synodalversammlung dann leider abmildern, um einen Kompromiss zu erzielen, dem auch die Bischöfe zustimmen konnten. Das war schon ein herber Dämpfer für alle, die den Zugang von Frauen zu allen Ämtern anstreben. Es wundert mich allerdings bis heute, dass die Bischöfe offenbar gar nicht bemerkt haben, dass im Grundtext genau diese Forderung eigentlich bereits mit ihren Stimmen verabschiedet worden war. Die Angst vor Rom hat dann wohl doch eine entscheidende Rolle gespielt. Zwischen der vierten und fünften Synodalversammlung gab es ja mehrere Interventionen aus dem Vatikan, immer neue Stoppschilder und Rote Linien. Zum Beispiel beim Ad-Limina-Besuch der deutschen Bischöfe, wo diese zum Teil wie Schuljungen behandelt und gemaßregelt wurden. Ich weiß von einigen Bischöfen, dass dies fast schon traumatische Spuren in ihnen hinterlassen hat. Man sieht daran, dass solche Machtmechanismen leider immer noch greifen und einige Bischöfe stark verunsichert und verängstigt haben, vor allem diejenigen, die sowieso unentschlossen und wankelmütig waren. Bischof Gerber von Fulda hat sich bei der letzten Synodalversammlung sehr dafür eingesetzt, noch einen Kompromiss zu finden, mit dem alle leben konnten. Das ist auch einigermaßen gelungen. Aber wir Frauen hätten uns natürlich gewünscht, dass die Handlungstexte, die wir im Frauenforum mit so viel Sorgfalt und Engagement erarbeitet hatten, auch so von der Gesamtversammlung verabschiedet worden wären.

Umso erfreulicher und genugtuender war es dann aber, dass sich alle Themen unseres Synodalen Weges später im „Instrumentum Laboris" zur ersten Session der Weltsynode wiederfanden, was einmal mehr beweist, dass all diese Fragen keine deutschen Sonderthemen sind, sondern weltweit als dringend notwendige Reformthemen betrachtet werden. Wir dürfen also gespannt sein, was am Ende bei der zweiten Etappe der Weltsynode im Oktober 2024 in Rom herauskommt. Ich halte Vieles für möglich.

Kürzlich wurde Papst Franziskus mit der Aussage zitiert, die kirchliche Lehre sei kein Monolith, kein unbeweglicher Gesteinsblock, sondern sehr lebendig und damit auch veränderbar. Tradition sei damit also immer etwas Dynamisches, etwas, das sich entwickeln dürfe und auch entwickeln müsse. Das lässt aufhorchen. Denn die bewahrenden Kräfte in unserer Kirche bezeichnen die kirchliche Lehre immer wieder als unabänderlich und betrachten die Tradition als Bollwerk gegen jede Reform. Da hat Papst Franziskus also schon einen deutlichen Akzent gesetzt. Auch die Berufung von 80 Laien, davon 40 Frauen, in die Weltsynode war ein unübersehbares Zeichen, wenn auch nur ein erster Schritt, dem weitere folgen müssen. 40 Frauen sind natürlich zunächst einmal sehr wenig und eher eine symbolische Zahl. Aber immerhin. Man sollte bedenken, dass wir Frauen beim Synodalen Weg auch eine verschwindende Minderheit waren. Aber wir erhielten immer wieder die Rückmeldung, dass man(n) das gar nicht bemerkt habe. Es habe sich nämlich gezeigt, dass die Gruppe der Frauen deutlich präsenter war als die der Männer, vor allem als die der Kleriker. Die Frauen waren einfach besser vorbereitet, fachkundiger, eloquenter und auch engagierter und kämpferischer. Insofern kann auch eine kleine Gruppe von Frauen viel erreichen, bei uns und auch in Rom.

Die Ordensfrauen waren eine starke Kraft beim Synodalen Weg, eure Zeugnisse waren stark, theologisch fundiert und auch persönlich. Das waren „Gamechanger" in den Diskussionen.

Das ist uns öfter rückgespiegelt worden. Ich habe aber auch sehr viele starke Nicht-Ordens-Frauen im Synodalen Weg erlebt: kluge und höchst engagierte Delegierte aus den Frauenverbänden und Diözesanräten, exzellente Theologinnen der verschiedensten Fachrichtungen. Wir Ordensfrauen haben den Vorteil, dass wir irgendwo zwischen Lai:innen und Klerikern angesiedelt werden, dass wir schon allein durch unsere klösterliche Tracht auffallen und dass uns durch unsere Lebensform in der Nachfolge Christi eine gewisse Autorität zugeschrieben wird, was natürlich den Laientheologinnen gegenüber absolut ungerecht ist. Was sicher auch eine Rolle spielt: dass den Ordensleuten eine innere und äußere Unabhängigkeit attestiert wird, die frei sein und ohne Angst sprechen lässt. Nicht zu unterschätzen sind sicher auch die in unseren Orden und Klöstern seit Jahrhunderten eingeübten synodalen Strukturen, die Vorbild sein können für die ganze Kirche. Das wird leider immer noch zu wenig wahrgenommen. Und nicht zu vergessen, bekleiden Frauen in unseren Orden seit Jahrhunderten ganz selbstverständlich geistliche Leitungsfunktionen und beweisen damit, dass Frauen in Ämtern der Kirche gleichwertig und gleichberechtigt Verantwortung tragen können. Das alles zusammen hat unserem Engagement im Synodalen Weg sicher ein

Stück weit mehr Wirksamkeit und öffentliche Aufmerksamkeit verliehen.

Was mir in diesem Zusammenhang übrigens aufgefallen ist: Einige Bischöfe sind bisher offenbar kaum einmal theologisch gut ausgebildeten, emanzipierten, klugen und eloquenten Ordensfrauen begegnet. In katholischen Kreisen gehen offenbar noch immer einige davon aus, dass Ordensfrauen vor allem dazu da sind, Klerikern hilfreich zur Seite zu stehen. Da war der Synodale Weg sicher ein heilsamer Lernprozess für manche.

Aber gerade mit Blick auf die Kirchengeschichte waren Klosterfrauen doch immer viel mehr.

Ganz sicher waren sie das. Doch alte Klischees halten sich leider oft sehr lange in den Köpfen der Menschen. Im Mittelalter, zur Zeit der heiligen Hildegard etwa, waren die Ordensfrauen nicht selten die eigentlich emanzipierten Frauen, die sehr bildungsbeflissen waren und sich nicht verheiraten lassen wollten. Viele von ihnen waren große Theologinnen, anerkannte Mystikerinnen, gesuchte Ratgeberinnen und Gesprächspartnerinnen für die Menschen ihrer Zeit.

Neben den erwähnten eindrucksvollen Zeugnissen der Frauen gab es auch sonst manche Sternstunden in den Diskussionen des Synodalen Wegs …

Ja, es gab manche Sternstunden, in denen mit tiefem gegenseitigem Respekt und mit großem Ernst miteinander um den richtigen Weg gerungen wurde, in denen Argumente ausgetauscht und einander wirklich zugehört wurde. Das waren bewegende Stunden. Kritisch wurde es meist erst, wenn die Redezeit wegen des Zeitdrucks auf eine Minute begrenzt werden musste, weil noch so viele zu Wort kommen wollten – was andererseits ja auch ein sehr gutes Zeichen ist. In einer Minute kann man aber kaum etwas Sinnvolles sagen. Das hat man Gott sei Dank dann aber auch bemerkt und die Eine-Minute-Regelung wieder gestrichen.

Kritiker des Synodalen Weges sagen oft, dass dies kein geistlicher Prozess sei. Dabei ist er also genau das Gegenteil?

Ich habe den Eindruck, dass manche dieser Kritiker unter Spiritualität etwas völlig anderes verstehen als ich. Mein Denken ist geprägt durch die sehr geerdete und nüchterne benediktinische Spiritualität – wir sprachen darüber –, die sich im konkreten Leben inkarnieren will. Glaube und Leben, Gebet und konkretes Engagement, Gottesbeziehung und Beziehung zu den Menschen und zur Mitwelt gehören untrennbar zusammen. Insofern war der Synodale Weg und ist auch seine Fortführung im Synodalen Ausschuss für mich wirklich ein zutiefst geistlicher Prozess, in dem die Geistkraft Gottes lebendig anwesend ist. Die gemeinsamen Eucharistiefeiern und die geistlichen Impulse mitten in der Messehalle in Frankfurt waren dafür aus meiner Sicht ein sprechendes und eindrückliches Symbol.

Nun ist der Synodale Weg der katholischen Kirche in Deutschland noch nicht vorbei, sondern wird im Synodalen Ausschuss fortgeführt …

Inzwischen hat die erste Sitzung des Synodalen Ausschusses in Essen stattgefunden. Die Atmosphäre und das Gesprächsklima dort waren ausgesprochen gut. Viele von uns haben sich über das Wiedersehen gefreut und sind mit neuem Schwung und mit neuer Kraft an die Arbeit gegangen. Wir haben sehr einmütig, mit großer Mehrheit, eine Satzung und eine Geschäftsordnung für den Synodalen Ausschuss verabschiedet und inzwischen auch Arbeitsgruppen gebildet, die die anstehenden Themen vorbereiten sollen. Diese sollen sich praktisch mit allen Themen des Synodalen Weges beschäftigen: Macht und Gewaltenteilung, Priesterausbildung, Sexualmoral und nicht zu vergessen mit der Frage der Zulassung aller Geschlechter zu den Ämtern und Diensten der Kirche. Es ist noch vieles abzuarbeiten, was im Synodalen Weg aus Zeitgründen nicht zu Ende gebracht werden konnte. Die erarbeiteten Reformvorschläge sollen ja möglichst bald konkrete Wirklichkeit werden.

Ob die Arbeit im Synodalen Ausschuss allerdings in der geplanten Form weitergeht und zu Ende gebracht werden kann, erschien zu Beginn dieses Jahres eine Zeitlang mehr als fraglich. Rom jedenfalls hat im Februar durch eine erneute Intervention erst einmal vereitelt, dass die Satzung des Synodalen Ausschusses bei der Frühjahrsvollversammlung der Deutschen Bischofskonferenz verabschiedet werden konnte. Am 22. März fand dann aber in Rom ein ausführliches Gespräch zwischen Vertretern des Vatikans und einer Delegation der Deutschen Bischofskonferenz statt, in dem die deutschen Bischöfe zugesagt haben, dass unsere Arbeit „dazu dient, konkrete Formen der Synodalität in der Kirche in Deutschland zu entwickeln, die in Übereinstimmung mit der Ekklesiologie des Zweiten Vatikanischen Konzils, den Vorgaben des Kirchenrechts und den Ergebnissen der Weltsynode stehen und anschließend dem Heiligen Stuhl zur Approbation vorgelegt werden“ (https://www.dbk.de/presse/aktuelles/meldung/gemeinsame-presseerklaerung-des-heiligen-stuhls-und-der-deutschen-bischofskonferenz-zu-den-gespraechen-am-22-maerz-2024) – was immer

Letzteres dann konkret bedeuten wird. Unter dieser Voraussetzung konnte der Synodale Ausschuss also doch noch konstituiert werden. Es bleibt abzuwarten, wie groß die Spielräume wirklich sein werden und ob es uns gelingen kann, synodale Gremien nach dem Vorbild der Kirchenkonferenz in Lateinamerika bei uns in Deutschland auf Dauer zu installieren. Doch warum sollte uns verboten werden, was in Lateinamerika bereits erprobte Praxis ist?

Sicher ist, dass die Hauptdifferenz offenbar nach wie vor beim *Gemeinsam beraten und entscheiden* liegen dürfte. Dass zusammen mit Lai:innen erfolgende gemeinsame Beratungs- *und* Entscheidungsprozesse die bischöfliche Autorität nicht untergraben, sondern eher stärken, ist in Rom nach wie vor vielen Verantwortlichen nur schwer einsichtig. So müssen wir denn auf absehbare Zeit wohl noch mit zwei sehr unterschiedlichen Visionen einer synodalen Kirche von morgen leben. Bleibt zu hoffen, dass sich diese durch regelmäßigen Austausch – hoffentlich auch bald unter Einbeziehung des Zentralkomitees der deutschen Katholiken (ZdK) – und mit wachsendem gegenseitigem Vertrauen einander annähern mögen. Auch da bietet die Weltsynode sicher noch weitere Chancen und Möglichkeiten.

Setzt du auf Papst Franziskus noch viel in Sachen Frauenfrage?

Was ich Papst Franziskus hoch anrechne, ist, dass er trotz aller Widerstände den Synodalen Prozess auf Weltebene in Gang gebracht hat – mit offenem Ende. Das ist weltkirchlich ein enormer Schritt nach vorn, ebenso wie die Berufung von 80 Laien und Laiinnen mit vollem Stimmrecht. In der Frauenfrage müssen wir jetzt abwarten. Die Beharrungskräfte sind auch hier enorm stark. Es gibt sehr verschiedene

Signale aus Rom. Aber ich traue Papst Franziskus grundsätzlich weitere Überraschungen zu. Er hat sich zu Beginn dieses Jahres zusammen mit seinem engsten neunköpfigen Beratergremium intensiv mit der Frage nach dem Frauendiakonat beschäftigt. Und das, obwohl es bereits zwei von ihm einberufene Kommissionen gab, die das Thema ausführlich behandelt haben. Die Ergebnisse der Arbeit dieser Kommissionen waren aber offenbar so beschaffen, dass Papst Franziskus sie nicht veröffentlichen wollte. Wie man/frau hörte, sprachen sich beide Arbeitsgruppen gegen den Diakonat der Frau aus. Insofern gibt es also Hoffnung, dass der Papst die Frage derzeit noch offenhalten möchte.

Bezeichnend ist für mich auf der anderen Seite aber, dass die Frauenfrage zwar von den Gläubigen in aller Welt unmissverständlich eingebracht wurde und das Thema umfangreich in die Berichte und Synthesen der einzelnen Länder und Ortskirchen eingeflossen ist. Auch, dass es stark präsent war in den Kontinentalversammlungen und im „Instrumentum laboris" für die erste Session der Weltsynode im Oktober 2023. In dem Synthesedokument nach Abschluss dieser ersten römischen Session ist sie dann aber deutlich verblasst. Auf einmal war das Stichwort „Frauenpriestertum", das zum Erstaunen und zur großen Freude vieler noch im Arbeitsdokument gestanden hatte, nun gänzlich verschwunden. Auch hier gibt es also sehr unterschiedliche Signale.

Sicher scheint allerdings zu sein, dass, würde über die Frage des Zugangs der Frauen zu den Weiheämtern im Oktober im Rahmen des zweiten Teils der Weltsynode abgestimmt, diese mit ziemlicher Sicherheit dort keine Mehrheit finden würde. Insofern halte ich es – im Gegensatz zu anderen, die sich irritiert bis verärgert gezeigt haben – für einen klugen und weitsichtigen Schachzug von Papst Franziskus, die Frauenfrage bei den Beratungen zunächst noch einmal auszugliedern und in einer der zehn von ihm eingesetzten Studiengruppen weiter behandeln zu lassen. Von entscheidender Bedeutung scheint mir hier zu sein, dass der Beraterstab der Weltsynode vom Papst durch sechs weitere Mitglieder ergänzt wurde. Drei davon sind Frauen: die US-amerikanische Soziologin Tricia Bruce sowie die beiden Theologieprofessorinnen Maria Lucchetti Bingemer aus Brasilien und Sr. Birgit Weiler, die an der Jesuitenuniversität in Lima/Peru lehrt. Vor allem Letztere vertritt eine dezidierte Meinung in Sachen Frauenordination und hat sich schon bei der Amazoniensynode 2019 für die Diakoninnenweihe von Frauen starkgemacht. Wichtig wird es parallel dazu auch sein, dass die Synodenteilnehmer:innen das Thema Frauenrechte in der Kirche auch im Oktober weiter im Gespräch halten und offen und frei immer wieder zur Sprache bringen. Empowerment und Selbstermächtigung sind hier wichtige Stichworte.

In diesem Zusammenhang erscheint mir im Übrigen auch die Frage nach der Öffentlichkeit der Sitzungen eine sehr wichtige zu sein. Ich gehe davon aus, dass auch der zweite Teil der Weltsynode in diesem Oktober 2024 wieder hinter verschlossenen Türen stattfinden soll. Leider verstehen noch zu viele Verantwortungsträger in Rom – und auch hierzulande – nicht, dass Öffentlichkeit nicht schadet, sondern im Gegenteil sinnvoll, nutz- und gewinnbringend ist. Diejenigen, die sich heute überhaupt noch in der Kirche engagieren, haben großes Interesse an den Synoden. Es sind schließlich ihre ureigensten Themen, die dort besprochen werden. Transparenz ist für mich deshalb unerlässlich und verstärkt die Kirchenbindung, weil sie jede und jeden einbezieht und niemanden ausschließt. Die Synodalversammlungen bei uns in Deutschland haben das eindrücklich unter Beweis gestellt. Wie oft bin ich in den letzten drei Jahren

Menschen begegnet, die sich bei den Vollversammlungen des Synodalen Weges viel Zeit genommen haben, um die Diskussionen zu verfolgen. Und das waren keineswegs nur Fachleute, sondern ganz normale Leute, denen die Entwicklung und die Zukunft unserer Kirche am Herzen liegen.

Nun wird die Zukunft der Kirche neben allem Ringen um Reformen seit Jahren vom Skandal des sexuellen und spirituellen Missbrauchs überschattet. Du selbst hast mehrmals gesagt, wie wütend dich all dies macht. Wie hast du die Enthüllungen dieser Verbrechen seit 2010 persönlich erlebt? Und wie hast du darauf reagiert?

Tatsächlich hat mich immer wieder ein heiliger Zorn und ohnmächtige Wut gepackt, als ich die immer neuen Enthüllungen in den inzwischen ja schon fast einem Dutzend Missbrauchsstudien in Deutschland gelesen habe. Mit dem Thema sexueller und spiritueller Missbrauch zum ersten Mal persönlich in Berührung gekommen bin ich im Zusammenhang mit der Begleitung von Menschen, die selbst Opfer von Missbrauch durch Priester geworden sind. Anfangs war ich schockiert und konnte kaum glauben, was ich da hörte. Dass Priester, denen das Heil der Seelen anvertraut ist, ihr Amt und ihre Autorität so sehr missbrauchen können, war für mich zunächst unfassbar. Schritt für Schritt musste ich dann erkennen, dass das Unfassbare tatsächlich für viele Opfer alltägliche Wirklichkeit war. Ich habe mich dann gezwungen, die 2018 erschienene MHG-Studie von der ersten bis zur letzten Zeile zu lesen. Das hat mir viele schlaflose Nächte bereitet. Von September 2019 bis Juni 2020 habe ich dann mitgewirkt in dem Projekt des Bistums Limburg „Betroffene hören – Missbrauch verhindern“, das auf den Ergebnissen der MHG-Studie fußte und entsprechende Konsequenzen für den Bereich des Bistums Limburg ziehen sollte. Zusammen mit 70 Fachfrauen und Fachmännern erarbeiteten wir in neun Arbeitsgruppen über 60 konkrete Vorschläge zur wirksamen und nachhaltigen Prävention von Missbrauch. Diese wurden inzwischen von einem eigens dafür installierten bischöflichen Beauftragten und seinem Team tatsächlich zum größten Teil umgesetzt, so dass die Aufarbeitung in unserem Bistum Limburg aus meiner Sicht wirklich beispielhaft erfolgt ist. Davon sind viele andere Bistümer noch weit entfernt. Ganz zu schweigen von anderen Teilen der Weltkirche, wo das Thema Missbrauch weiterhin in einen großen Mantel des Schweigens gehüllt ist.

Es ist zu hoffen, dass das Thema bei der Weltsynode endlich auf höchster Ebene bearbeitet wird.

In der ersten Session der Weltsynode im Oktober 2023 war das Thema offenbar durchaus präsent. Die vielen Missbrauchsgutachten, die inzwischen ja nicht nur in Deutschland, sondern auch in anderen Ländern Erschreckendes zu Tage gefördert haben, konnten einfach nicht mehr ignoriert werden. Bezeichnenderweise hat das Thema dann aber kaum Eingang gefunden in das abschließende Synthesedokument. Es gibt da leider auch Ungleichzeitigkeiten in der Wahrnehmung des Problems. In anderen Ländern und Kontinenten, zum Beispiel auch in unseren östlichen Nachbarländern, wird das Thema Missbrauch leider noch viel zu wenig in den Blick genommen.

Bemerkst du ein Gefälle zwischen West- und Osteuropa?

In unseren internationalen Frauen-Netzwerken „Catholic Women's Council" und „Voices of Faith" sind Frauen aus vielen Ländern und auch Frauen aus Osteuropa aktiv. Die sind sich der Thematik sehr bewusst, aber sie sind noch eine kleine Minderheit. Der Klerus und die Bischöfe dort sind nach wie vor sehr stark und einflussreich. Einen Laienkatholizismus wie bei uns kennt man dort nicht. Da sind dann nur wenige, die den Mut haben, aufzustehen und das Thema Missbrauch offen anzusprechen. Man muss das auch historisch sehen und zu verstehen suchen. Die Kirchen im Osten waren jahrzehntelang ganz anders angefochten und angefeindet als hier bei uns und mussten einen festen Block bilden, um im Kommunismus überleben zu können. Die Sünden im eigenen Umfeld wurden sicher auch vertuscht, um dem Staat nicht immer neue und weitere Einfallstore für Schikanen und Verfolgung zu bieten. Vielleicht ist das Ganze vergleichbar mit dem Kirchenkampf im Dritten Reich. Kürzlich las ich in einer historischen Fachzeitschrift, dass die sogenannten Sittlichkeitsprozesse gegen katholische Priester in den 30er Jahren des letzten Jahrhunderts offenbar nicht nur Nazi-Propaganda waren, um den Kirchen den Garaus zu machen – wie ich es noch im Studium gelernt habe –, sondern dass da echte Tatbestände dahinterstanden. Jahrzehntelang hat man das nicht gesehen oder nicht wahrhaben wollen. Es wird jedenfalls in vielen Ländern noch viel Bewusstseinsarbeit brauchen, um hier einen breiten Mentalitätswandel herbeizuführen. Wir müssen auch in diesem Themenfeld kontinuierlich dranbleiben.

Persönliche Erzählungen können vielleicht am ehesten zu einem solchen Bewusstseinswandel beitragen. 2023 hast du zusammen mit Barbara Haslbeck, Ute Leimgruber und Regina Nagel das Buch „Selbstverlust und Gottentfremdung" herausgegeben, in dem es um spirituellen Missbrauch an Frauen in der katholischen Kirche geht …

Auch dieses Buch ist – wie schon die „Frauenbücher" – eine indirekte Frucht des Synodalen Weges. Fünf der 19 (Ordens-)Frauen, die darin ihre Geschichte von spirituellem Missbrauch in Orden und geistlichen Gemeinschaften schildern, haben persönlich Kontakt mit mir aufgenommen, weil sie mich vom Synodalen Weg her kannten und um mein Engagement für vulnerable, diskriminierte und ausgegrenzte Frauen wussten. Sie haben niemanden gefunden, der ihnen zuhörte, und schon gar niemanden, der ihren Stimmen öffentlich Gehör verschaffte. In langen Gesprächen haben sie mir von ihren Erfahrungen berichtet. Furchtbare Erfahrungen, zutiefst verstörende und erschütternde Verletzungs- und Leidensgeschichten. Ich spürte gleich, dass diese Lebenszeugnisse Abgründe enthalten, die ans Licht geholt und beleuchtet werden müssen. Nur so wird die Würde der Opfer bewahrt und ihnen die Anerkennung und Wertschätzung entgegengebracht, die sie verdienen.

Allein traute ich mir ein solches Buchprojekt nicht zu. Deshalb nahm ich Kontakt mit Barbara Haslbeck, Ute Leimgruber und Regina Nagel auf, die ich vom Synodalen Weg her kannte – alle auf ihrem Gebiet anerkannte Fachfrauen. Sie hatten ihrerseits auch bereits Kontakt zu Opfern spirituellen Missbrauchs. So entstand dieses Buch. Ein wichtiges Buch, denke ich. Es zeigt: Was mit der Sehnsucht nach einem Leben aus dem Glauben und nach Spiritualität beginnt, kann mit dem Verlust des eigenen Ichs und der Entfremdung von Gott enden. Spiritualität kann benutzt werden, um andere zu kontrollieren, zu manipulieren und auszubeuten. Unser Buch zeigt aber auch, dass der Weg zurück in eine autonome Lebens- und Glaubensgestaltung möglich ist. Insofern ist auch dieses Buch ein Hoffnungsbuch.

Ich persönlich muss aber auch gestehen, dass mich die Arbeit an diesem Buch zeitweise sehr belastet und mitgenommen hat. Sie hat die Welt, in der ich lebe, im wahrsten Sinne des Wortes durcheinandergebracht, hat Ideale zerschlagen und Fragen aufgeworfen, die ich mir so zuvor nie gestellt hatte und stellen musste. Im Laufe der Arbeit ist in mir dann die bittere Erkenntnis gewachsen, dass vieles im Ordens- und Gemeinschaftsleben toxisch werden kann, wenn das gesunde Maß, wenn Unterscheidungsvermögen und Ausgewogenheit fehlen, wenn grundlegende Werte wie der Gehorsam oder die Demut pervertiert und in den Dienst von Ehrgeiz und Egoismus, von narzisstischem Machtstreben und Herrschaftsansprüchen einzelner gestellt werden. Der Gipfel der Perversion ist es, wenn die Stimme Gottes mit der Stimme der „Oberen" verwechselt wird oder wenn diese ihren eigenen Willen per se für Gottes Willen halten. Wie oft wurden und werden damit das Selbstbild und die Gottesbeziehung der Opfer fundamental gestört oder am Ende sogar gänzlich zerstört. Auf dem Feld des spirituellen Missbrauchs lauern also viele Gefahren. Deshalb müssen wir sehr wachsam sein. Die Lebenszeugnisse der betroffenen Frauen sind unendlich wichtig. Wir können ihnen nur für ihren Mut danken.

Die Vorsitzende des Deutschen Ethikrates, Alena Buyx, hat kürzlich davon gesprochen, dass es nach der Covid-Pandemie den Dreischritt „aufarbeiten, lernen, heilen“ geben müsse. Vielleicht sollte man das auch auf die Kirche übertragen?

Im Kontakt mit den betroffenen Frauen ist mir die Notwendigkeit genau dieses Dreischritts tatsächlich sehr deutlich geworden. Zuvor braucht es aber noch den Mut, die Sache, das heißt den Tatbestand, erst einmal wirklich an sich heranzulassen. Zunächst natürlich den Mut der Opfer, die oft jahre- und jahrzehntelang geschwiegen und den Schmerz in sich vergraben haben. Aber auch den Mut derer, die sich der Aufarbeitung und dem Daraus-Lernen verschrieben haben. Klaus Mertes SJ hat diese Erfahrung, die im Laufe der Zeit auch zu meiner geworden ist, in seinem Buch *Verlorenes Vertrauen* (Freiburg 2013, S. 21) so auf den Punkt gebracht: „Einem Opfer zuzuhören, nicht aus der beobachtenden, begleitenden oder therapeutischen, sondern aus der beteiligten, sich selbst dem System zurechnenden Perspektive, bedeutet, sich einem anderen Blick auf sich selbst zu öffnen, Mythen des Selbstverständnisses loszulassen, den Stolz aufgrund von Zugehörigkeit zurückzustellen. Das tut weh. Um den Schmerz zu vermeiden, bietet sich als Alternative an, das Opfer zum Schweigen zu bringen.“ Genau das aber dürfen wir in keinem einzigen Fall tun. Verdrängen nach dem Motto: „Was nicht sein darf, ist auch nicht“, wäre fatal. Es wäre feige Flucht vor der Verantwortung, ja, sogar eine Art Komplizenschaft, die das Unfassbare verharmlost und die Opfer ein weiteres Mal ihrer Würde beraubt.

Für die 19 Frauen war die Niederschrift ihrer Geschichte ein unglaublich wichtiger Prozess. Sie machten dabei – wie schon die Frauen in unserem Frauenbuch – auch die Erfahrung, wie befreiend es für sie war, zu merken, dass sie nicht die einzigen waren. Jede dachte auch hier viel zu lange: Ich bin die Einzige, der so etwas passiert ist. Dann fühlten sie sich obendrein noch schuldig. Viele berichteten uns auch, wie der Prozess des Schreibens und die langen Gespräche mit uns Herausgeberinnen ihnen geholfen haben, ihre Erfahrungen zu verarbeiten. Von Heilung will ich da noch gar nicht sprechen. Zunächst ist ja alles erst einmal wieder ganz präsent und muss ein weiteres Mal bearbeitet werden. Es stimmt keineswegs immer, dass die Zeit alle Wunden heilt. Manches muss immer wieder neu angeschaut und durchlitten werden. Und – so die Kraft dazu da ist – auch vergeben werden. Dann kann vielleicht irgendwann ein Wunder geschehen, ein Wunder der Auferstehung mitten im Leben. Und vielleicht dürfen die Opfer dann auch eines Tages erleben, dass wider alle Hoffnung neues Leben wachsen und erblühen kann.

Das Buch fügt sich ein in eine Reihe: die Frauen-Bücher, das Missbrauchsbuch – das sind wichtige Themen unserer Zeit.

Zumindest sind es brennende Themen unserer Zeit und sehr aktuelle Themen in unseren Kirchen. Wir dürfen sie nicht verschweigen oder unter den Teppich kehren. Nur die Wahrheit kann uns am Ende frei machen. Auch dieses Buch zeigt einmal mehr, wie wichtig authentische und glaubwürdige Lebenszeugnisse sind, viel wichtiger und eindringlicher als noch so kluge theoretische Abhandlungen. Diese mutigen Frauen sind für mich Prophetinnen unserer Zeit.

Ich sehe eine Saat aufgehen, die wir nicht gesät haben – Burkhard

Burkhard, wir haben darüber gesprochen, wie du in deinen Zwanzigern und Dreißigern immer mehr eine enge, formale Katholizität überwunden hast. Was hat dir dabei geholfen?

Vor allem habe ich erfahren, dass die Bibel meine innere Unabhängigkeit garantiert. Als biblisch geprägter Mensch weiß ich vor allem, dass das Reich Gottes nicht identisch ist mit der Kirche. Und ich lebe in dem Bewusstsein, dass mein persönlicher Glaube und der Raum, der daraus entsteht, nicht deckungsgleich ist mit dem Raum der Kirche. Das sorgt für eine gewisse Freiheit innerhalb der Kirche. Ich war auch immer davon überzeugt, dass mein Schwulsein nicht in Spannung zu meinem Glauben steht, im Gegenteil. Ich habe mich von Gott immer voll angenommen und geliebt gesehen. Das geht übrigens nicht allen queeren Menschen so. Mir war immer klar, dass nicht Gott es ist, der mich abwertet, sondern eine Institution, die für sich in Anspruch nimmt, seinen Willen zu kennen und festzuschreiben. Und dies tut sie auf der Basis einer Bibelauslegung, die ohne Beachtung der historischen Zusammenhänge auskommt und daraus eine Bewertung queerer Menschen ableitet, die weder heutigen moraltheologischen Überlegungen noch humanwissenschaftlichen Erkenntnissen standhält. Zu dieser Erkenntnis hat mich nicht zuletzt die Beschäftigung mit der Entstehungsgeschichte biblischer Texte geführt. Diese starke biblische Prägung habe ich schon im Studium bekommen. Und als Assistent von Professor Karlheinz Müller konnte ich das dann auch weitergeben: Ich habe regelmäßig das Einführungsseminar in die Methoden der historisch-kritischen Exegese gehalten. Da war es immer schön zu erleben, wie auch die Studierenden diesen Umgang mit den Texten als Befreiung erlebt haben. So ist die biblische Tradition in ihrem Geworden-Sein, in all ihrer Vielfalt und Widersprüchlichkeit für mich bis heute das Maßgebende, was mich spirituell nährt und trägt. Wer sich mit der Bibel in dieser Weise befasst, lernt sehr schnell, dass es keine ewigen, unabänderlichen Wahrheiten oder Glaubenssätze gibt. Weder innerhalb noch außerhalb der Bibel.

Hängt mit dieser biblischen Prägung auch deine Nähe zum Judentum zusammen?

Ganz sicher. Vom ersten Tag meines Studiums an habe ich verinnerlicht, dass Jesus von Nazareth als Jude geboren wurde und als Jude gestorben ist. Er wollte keine neue Religion oder Kirche gründen, sondern wie manch andere seiner Zeitgenossen einen Reformweg innerhalb des Judentums gehen. Deshalb habe ich mich dem Judentum immer sehr stark verbunden gefühlt und es studiert. Wobei meinem Professor – Müller war ja Neutestamentler und zugleich Judaist – stets wichtig war, dass wir Judentumsforschung nicht nur wissenschaftlich betrieben, „augenlos“, wie er es nannte. Entscheidend war für ihn, Kontakt mit heutigen jüdischen Menschen zu haben. Er selbst sagte immer wieder: „Solange ich hier in die Synagoge gehen kann und willkommen bin, geht es mir gut.“ Ich bin oft mitgegangen und habe auf diese Weise sehr viel vom Judentum gelernt. Zu meiner Priesterweihe hat mir Karlheinz Müller übrigens eine besondere Buchausgabe der Thora geschenkt, natürlich auf Hebräisch. Quer über die erste leere Doppelseite hat er wenig feierlich mit Kugelschreiber eine Widmung hinterlassen, die ich gar nicht weiter kommentieren muss, so wichtig ist sie für mich. Es ist ein rabbinisches Zitat: „Solange die Schriftgelehrten sie erforschen, ist die Tora nicht vollständig, sondern nur eine Hälfte. Erst durch die Forschungen der Schriftgelehrten wird die Tora zu einem vollständigen Buch. Denn die Tora muss in jeder Generation nach den Bedürfnissen eben dieser Generation erforscht werden! Und Gott erleuchtet die Augen der Schriftgelehrten jeder Generation, sodass sie in seiner Tora das ihr Entsprechende entdecken" (Efrajim aus Sedylkov, Degel Machesch Efrajim, 1808, Blatt 3a). Einen Satz innerhalb des Zitats hatte er zusätzlich rot unterstrichen: „Denn die Tora muss in jeder Generation nach den Bedürfnissen eben dieser Generation erforscht werden!"

Was genau hast du vom Judentum gelernt?

Das betrifft zunächst schon mein Grundverständnis von Religion. Vom Judentum habe ich gelernt, dass Religion nützlich sein muss. Für manche klingt das fast blasphemisch, weil es sich nach Utilitarismus, nach Pragmatik anhört. Aber das Judentum *ist* sehr pragmatisch. Und genau in dieser Tradition steht Jesus von Nazareth. Der Schabbat zum Beispiel muss natürlich nützlich sein! Das bedeutet, er muss den Menschen zu mehr Leben verhelfen. Der hebräische Begriff „Tora" heißt ja übrigens übersetzt nichts anderes als „Weisung zum Leben". Wenn der Glaube Menschen einengt, ist etwas in Schieflage geraten. Und so gilt für mich ganz generell: Wenn Religion nicht zum gelingenden Leben beiträgt, dann hat sie nichts mit Gott zu tun. Ein Zweites, das mir sehr wichtig geworden ist: In der jüdischen Tradition gibt es eine hohe Wertschätzung des Ringens um Wahrheiten, oder man könnte auch sagen, es gibt so etwas wie eine besondere Würde des Streits und eine Skepsis gegenüber schnellen Einteilungen in Richtig und Falsch. Diese Skepsis, vor allem mein tiefes Misstrauen gegenüber vermeintlich ewigen oder unabänderlichen Wahrheiten speisen sich zu einem guten Teil aus dieser Quelle. So habe ich sehr viel am Judentum schätzen gelernt. Hinzu kommen, lebenspraktisch und spirituell, viele jüdische Traditionen, die voller Weisheit sind, gerade im Hinblick auf Sterben, Tod und Trauer.

Was ist dir da wichtig geworden?

Es gibt zum Beispiel die Regel, dass im Trauerfall der oder die Trauernde von allen gesellschaftlichen Konventionen befreit ist. Die Halacha sagt: Selbst wenn der Bürgermeister oder eine andere hochgestellte Persönlichkeit zum Trauerbesuch kommt, muss ich sie als Trauernder nicht begrüßen. Das trägt der Tatsache Rechnung, dass man in dieser Zeit wirklich zu fast nichts fähig ist. Aus diesem Grund wird man im Judentum in der Trauerzeit völlig aus dem Alltag herausgenommen. Es ist etwa auch vorgesehen, dass die Nachbarn einen mit Essen versorgen. Oder: Keiner der Trauergäste soll zu sprechen beginnen, bevor der oder die Trauernde das Gespräch eröffnet hat. So wird verhindert, dass Belanglosigkeiten oder Verlegenheiten die Trauer stören.

Ich spüre bei dir eine sehr große Wertschätzung gegenüber dem Judentum. Es gibt aber doch auch Gründe, weshalb du dich als Christ verstehst …

Ja, natürlich. Ich bin in der christlichen, katholischen Tradition groß geworden. Deshalb imitiere ich kein Judentum, auch aus Respekt und um der Unterscheidbarkeit willen.

Es gab zum Beispiel eine Zeit lang den Trend, dass christliche Gemeinden am Gründonnerstag ein Pessach-Mahl gefeiert haben. Ich kann darin die gute Absicht entdecken; die christlichen Gruppen wollten damit ihre Verbundenheit zum Judentum ausdrücken. Aber ich wusste auch aus der jüdischen Gemeinde, dass man das dort nicht so recht verstehen konnte. Jüdinnen und Juden empfinden das als unangemessenes Nachspielen. Immer wieder hörte ich aus den Reihen der jüdischen Gemeinde: „Wieso machen das so viele christliche Gemeinden? Die können doch zu uns kommen, wenn sie Pessach feiern wollen!"

Dir geht es also, gleichsam ohne zu werten, um die Treue zur eigenen Tradition? Was sagst du zu einer Haltung, die das Christentum immer noch als Erfüllung des Judentums sieht?

Diese Haltung ist natürlich so in den neutestamentlichen Traditionen grundgelegt. Gerade der Evangelist Matthäus, der für eine überwiegend judenchristlich geprägte Gemeinde schreibt, ist ja sehr darauf bedacht, dass sich mit Jesus von Nazareth die Verheißungen der Propheten erfüllen. Im damaligen historischen Kontext sind diese Aussagen nachvollziehbar. Die neutestamentlichen Autoren wollten ja Menschen aus der jüdischen Tradition für die Jesusbewegung gewinnen. Und deshalb mussten sie diese Menschen davon überzeugen, dass der Glaube an Jesus keinen Bruch mit ihrer Tradition darstellte, sondern nach ihrem Verständnis all das erfüllte, was man in der jüdischen Tradition von der Zukunft erwartete.

Wir können heute diese Texte aber nicht mehr lesen, ohne ihre verhängnisvolle Rezeptionsgeschichte mit zu bedenken. In den späteren Jahrhunderten las man die Texte im Sinne einer Überbietung und Ablösung des Judentums durch das Christentum. Die Religion Jesu wurde in der kirchlichen Auslegung zum reinen Vorläufer des Christentums degradiert. Aus dieser Überheblichkeit resultierte letztlich eine Abwertung des jüdischen Glaubens bis hin zur Verfolgung und Ermordung jüdischer Menschen. Im Blick auf diese Auslegungsgeschichte kann ich persönlich heute nicht mehr unkritisch von der Erfüllung des Judentums im Christentum sprechen. Ich will dagegen den eigentlichen Grundgedanken eines Evangelisten Matthäus, der die Kontinuität und Verbundenheit des Christentums zum Judentum betonen wollte, in unsere Zeit übersetzen. Wir brauchen als Christen für unser Selbstverständnis die sorgsame Pflege dieser Verbundenheit. Gleichzeitig muss uns bewusst sein: Jüdinnen und Juden sind hingegen für ihren Glauben nicht auf das Christentum angewiesen.

So traurig es ist: Aber führt die Begegnung mit Jüdinnen und Juden nicht immer auch zum Thema „Schoah"?

Durch den Kontakt mit der jüdischen Gemeinde durfte ich viele Zeitzeuginnen und Zeitzeugen kennenlernen, Überlebende der Schoah. Und das hat mein politisches Bewusstsein noch einmal sehr geschärft. Ich denke zum Beispiel an einen Abend mit Esther Bejarano, als sie auf der Bühne in den Würzburger Posthallen vor einer riesigen Menge vor allem junger Leute ausrief: „Ich singe solange, bis es keine Nazis mehr gibt." Oder Eva Fahidi, die auf Einladung unserer Hochschulgemeinde und der Gesellschaft für christlich-jüdische Zusammenarbeit bei uns in Würzburg war. Der Saal im jüdischen Gemeindezentrum war überfüllt. Die Leute saßen auf dem Boden und lauschten dieser alten Frau, die erklärte: „Das Schlimmste ist die Gleichgültigkeit. Wie damals, als die Jüdinnen und Juden aus Ungarn deportiert wurden und die Nachbarn schweigend zusahen …“ Aus solchen Begegnungen habe ich immer den Auftrag mitgenommen, mich noch stärker zu engagieren. Ich habe übrigens Zeitzeuginnen und Zeitzeugen immer als herzliche und sogar humorvolle Menschen erlebt, die vor allem Kontakt zu jungen Leuten gesucht haben. Sie wollten nie nur erzählen, wie es ihnen ergangen ist. Sondern es ging ihnen um eine wirkliche Begegnung, die weiterwirkt. Deswegen ist Erinnerungsarbeit für mich immer auch Zukunftsarbeit. Um noch einmal auf die Ausgangsfrage zurückzukommen: Ja, die Begegnung mit Menschen jüdischen Glaubens führt immer auch zum Thema „Schoah“, aber sie darf nicht bei diesem Thema stehenbleiben oder gar das Judentum auf die Schoah verkürzen. Wenn das geschähe, hätten die Nationalsozialisten einen Sieg errungen. Das Judentum ist ein lebendiger Glaube, der von vielen Menschen in der jüdischen Gemeinde in meiner Nähe ganz alltäglich gelebt wird. Deshalb ist es mir auch wichtig, mich in der Gesellschaft für christlich-jüdische Zusammenarbeit für ein gutes nachbarschaftliches Miteinander von Menschen, die heute ihren Glauben in unserer Stadt leben, zu bemühen.

Wie stellt sich das in diesen Zeiten dar, in denen wir hier in Deutschland ein Aufleben des Antisemitismus und Rechtspopulismus erleben? Was sagen dir die jüdischen Menschen, mit denen du in Kontakt bist?

Durch unsere gemeinsamen Sitzungen im Vorstand der Gesellschaft für christlich-jüdische Zusammenarbeit bin ich regelmäßig im Kontakt mit Mitgliedern der jüdischen Gemeinde. Ich erfahre dabei von den jüdischen Freund:innen, dass es nach dem Angriff der Hamas am 7. Oktober 2023 vor allem eine tiefe Erschütterung darüber gibt, wie wenig Solidarität und Empathie für die Opfer und ihre Angehörigen hierzulande gezeigt wird. Da gibt es schon so etwas wie das Gefühl, alleine gelassen zu werden. Es gibt auch eine verbreitete Sorge, dass der Hass der Hamas sich auch in Deutschland Bahn brechen könnte. Und das geschieht ja bereits. Gleichzeitig weist nicht zuletzt der Präsident des Zentralrats, Josef Schuster, immer wieder darauf hin, dass die größte Gefahr für die jüdische Gemeinschaft in Deutschland vom Rechtsextremismus ausgeht. Und inmitten von alldem erlebe ich Menschen in der jüdischen Gemeinde, die versuchen, sich nicht in Dauerpanik oder eine grundsätzliche Angst treiben zu lassen. Es gibt ein große Sehnsucht nach einem ganz normalen Alltag. Ehrlich gesagt versuche ich in persönlichen Begegnungen vor allem dazu beizutragen, dass es diese alltägliche Normalität gibt. Aber die erste Frage ist selbstverständlich derzeit immer: Wie geht's dir gerade? Was es jetzt braucht, ist ehrliche und verlässlich Mitmenschlichkeit. Das ist im nahen Umfeld letztlich auch die beste Abwehr gegen Spaltung und Hass. Deshalb ist es für mich auch kein Widerspruch, wenn ich muslimische Freund:innen, die sich um Verwandte in Gaza sorgen, mit der gleichen Anteilnahme frage, wie es ihnen und ihren Lieben gerade geht.

Inzwischen bist du auf sehr vielen Feldern zivilgesellschaftlich engagiert …

Und auch das hängt mit meiner biblischen Prägung und der Spiritualität, die sich daraus für mich entwickelt hat, zusammen. Dreh- und Angelpunkt ist der etwas sperrige Begriff der „Reich-Gottes-Botschaft“ Jesu, also seine Rede vom Anbrechen einer anderen, besseren Welt. Jesus hat nicht nur davon geredet, sondern er hat so gelebt, als ob diese andere bessere Welt jetzt schon gegenwärtig wäre. Deshalb ist er zum Beispiel Menschen, die ausgegrenzt wurden, so begegnet, als gäbe es keine Grenzen mehr. Und er hat subversive Geschichten erzählt, die von der Ausbreitung des Reiches Gottes berichteten, es wachse längst in dieser Welt wie Unkraut unter dem Weizen. An diese biblischen Bilder fühle ich mich auch in meinem Engagement immer wieder erinnert, wo ich, um im Bild zu bleiben, eine Saat aufgehen sehe, die ich nicht selbst gesät habe, gerade auch jenseits unserer engen kirchlichen Strukturen. Viele Bewegungen von jungen Menschen, mit denen ich zu tun habe und die sich für den Schutz des Klimas oder für die Rechte von Geflüchteten einsetzen, erlebe ich in dieser Weise, und das ganz ausdrücklich ohne sie irgendwie christlich zu vereinnahmen: Es sind für mich aufgehende Samenkörner, die von einer ganz anderen, besseren Welt Zeugnis ablegen. Manchmal wirken sie dabei verzweifelt oder aussichtslos. Aber sie glauben eben an mehr als nur an das, was aktuell Aussicht auf Erfolg hat. In diesem Punkt fühle ich mich ihnen sehr verbunden. Ein anderes Beispiel für solche Momente, in denen ich in zivilgesellschaftlichem Engagement auf einmal Bezüge zu meiner Spiritualität herstelle: Ich denke da an eine Studierende aus unserem Arbeitskreis Asyl in der Katholischen Hochschulgemeinde. Ich durfte vor Jahren erleben, wie die eigentlich sehr zurückhaltende junge Frau bei einer Demonstration am offenen Mikro auf der Bühne erzählte, warum sie nicht wollte, dass Menschen nach Afghanistan abgeschoben werden. Das kam mir damals vor wie eine biblische prophetische Rede: Da hat jemand auf der Straße das Wort ergriffen, der sich das nicht ausgesucht hat. Und ich stand auf der Straße und hatte für mich eine intensive spirituelle

Erfahrung. Ich wurde sozusagen Zeuge einer Prophetinberufung.

Gerade in unserem Asyl-AK docken seit Jahren immer wieder Studierende an, zum Teil sogar aus der Antifa-Szene, die dem Katholischen nichts abgewinnen können, aber große Ideale und ein waches historisches Bewusstsein haben. Das beeindruckt mich, und ich wehre mich dagegen, dass politisches Engagement, Aktivismus und Spiritualität gegeneinander ausgespielt werden. Wir erwarten in der Hochschulgemeinde ausdrücklich nicht, dass Studierende, die im Asyl-AK oder anderen sozialen oder politischen Arbeitskreisen mitarbeiten, auch in den Gottesdienst kommen. Sondern das Politische *ist* in diesem Moment die Spiritualität dieses Ortes.

Das nehme ich genauso für mich in Anspruch, wenn ich selbst in zivilgesellschaftlichen Initiativen mitarbeite. Ich finde Sinn darin und ich sehe es auch als Auftrag an, dazu beizutragen, dass das Leben etwa hier in der Stadt besser gelingt.

In deinem Büro hängt und steht auffallend viel Kunst. Was hat es damit auf sich? Liegt dein Interesse daran auch auf dieser Linie der Zeitgenossenschaft?

Bilder helfen mir, die Welt mit anderen Augen zu sehen, sozusagen hinter die Dinge zu schauen. Denn Kunstschaffende interpretieren für mich die Gegenwart oft einfühlsamer und treffender, als es der Kirche gelingt. Schon als Kind und Jugendlicher bin ich ganz natürlich mit Kunst aufgewachsen. Unsere Familie war mit Robert Höfling befreundet, einem überregional bekannten Künstler aus Hammelburg. Ich konnte in seinem Atelier zwischen den Bildern und Objekten herumstöbern, und selbst wenn mir dabei mal etwas umfiel, meinte er, dadurch würde das Werk nur noch besser … An der institutionellen Kirche hat er sich immer gerieben. Deren Repräsentanten konnten es häufig nicht ertragen, dass er frei mit religiösen Motiven gearbeitet hat – ohne den offiziellen kirchlichen Auftrag oder die Zustimmung dafür zu haben. Höfling hat zum Beispiel einen Gekreuzigten in einen Lehnstuhl gesetzt, erstickt von Rosenkränzen … Oder in eine Darstellung des Wallfahrtsbilds von Mariabuchen in Mainfranken hat er nach der Vorlage eines historischen Fotos eine Frau aus dem Warschauer Ghetto hineingemalt. Die Begegnung mit solcher Kunst, die herausfordert, die mit alten Vorstellungen bricht oder sie hinterfragt, ist mir sehr wichtig. Das ist dann in der Regel aber keine „katechetische" Kunst, keine Kunst, die von der Kirche in Auftrag gegeben wurde, um den Glauben oder die Welt zu erklären.

Meinen Sinn für die geistige Weite der Kunst hat auch wieder Karlheinz Müller geschärft. Er sagte oft: „Bevor du dich in die Bibliothek hockst, lies lieber ein Gedicht, geh ins Theater oder schau dir eine Ausstellung an." Ich sage immer mal wieder mit einem Schmunzeln: Deshalb habe ich wohl auch nie meine Doktorarbeit zu Ende gebracht. Aber ich bin unendlich dankbar dafür, dass er mir noch einmal einen ganz neuen Zugang zur Gegenwartskunst eröffnet hat. Wir waren immer zusammen auf der Documenta, sehr oft im Theater … Das größte Kompliment, das man aus dem Mund meines Lehrers über einen anderen Menschen hören konnte, war: Der ist ein echter Zeitgenosse.

Neben der bildenden Kunst ist dir auch die Lyrik wichtig. In mehreren unserer Gespräche hast du von Jehuda Amichai erzählt. Was bedeutet er dir?

Dass ich ihn kennenlernen durfte, ist ebenfalls ein Geschenk meiner Assistentenzeit bei Professor Müller. Er und Jehuda Amichai waren befreundet, Müller hat über Jahre wöchentlich eines seiner Gedichte ins Deutsche übersetzt. Wir haben uns auch oft getroffen: in Würzburg, wo Amichai 1924 geboren wurde, bevor er mit seiner Familie vor den Nazis fliehen musste, und bei ihm zuhause in Jerusalem. Er bedeutet mir unheimlich viel, ich lebe immer noch aus seinen Gedichten.

Wofür stand Jehuda Amichai?

Er spielte mit Religion und biblischer Sprache und setzte sich so mit seiner religiösen Prägung auseinander. Deshalb war er im orthodoxen und vor allem im ultraorthodoxen Judentum immer wieder auch umstritten. Er hat sich immer wieder mit den einengenden Seiten von Religion angelegt und dabei auch manche vor den Kopf gestoßen. Aber gerade deshalb fühle ich mich ihm vielleicht auch so nahe. Von Amichai habe ich zum Beispiel gelernt, dass Religion nützlich sein muss. Sie muss dabei helfen, den Alltag und das Leben besser zu bewältigen – wie ein gutes Gedicht. Ich habe auch gelernt, dass Religion nicht vom Kontext zu trennen ist und sogar ganz konkret mit Landschaften verbunden ist. Daran habe ich oft gedacht, als wir in Israel waren und durch das Wadi Qelt gegangen sind. Am Einstieg blickt man auf das judäische Bergland, und dazu gibt es ein Gedicht von Amichai (Jehuda Amichai und Franz Wieler, Landschaft offenen Auges, Open-Eyed Land,

Hebrew – English – German, Schocken Publishing House 1992, o. S.):

„Einer, dessen Gesicht wir nicht sahen,
warf hier seinen Mantel ab
und ging weg.
Uns verbleibt, vom Mantel zu lernen –
Falten, Falten, Falten,
heilig, heilig, heilig."

Solche Momente zu erleben, dort zu sitzen, diese Hügellandschaft zu sehen und die Worte Amichais zu hören – das sind meine Transzendenzerfahrungen.

Einer meiner Lieblingstexte von ihm ist die kurze Erzählung „Touristen". Da beschreibt er, wie er am Davidstor sitzt und den Touristen als Orientierungspunkt dient: „Einmal saß ich auf der Treppe am Tor der David-Zitadelle und stellte meine zwei schweren Einkaufskörbe neben mir ab. Eine Touristentraube umringte einen Tour-Guide und ich gab den Bezugspunkt für sie ab: ‚Sehen Sie diesen Mann da drüben mit den Körben? Ein bisschen rechts von seinem Kopf da ist ein Bogen aus der Römerzeit. Ein bisschen neben seinem Kopf.' ‚Aber er bewegt sich, er bewegt sich!' Ich dachte mir: Erlösung wird erst kommen, wenn man ihnen sagt: Sehen Sie den Bogen dort drüben aus der Römerzeit? Der ist nicht wichtig, aber links und ein bisschen unterhalb davon sitzt ein Mann, der Früchte und Gemüse für zu Hause gekauft hat." (Aus: Jehuda Amichai, Gedichte. Hrsg. u. aus dem Hebräischen übersetzt von Hans D. Amadé Esperer, Würzburg: Königshausen & Neumann 2018, S. 172) Dass er den Blick für den einzelnen Menschen in dieser Weise mit dem Begriff der Erlösung zusammenbringt, war für mich so etwas wie eine Entdeckung, die mir die Augen geöffnet hat. Für mein Bewusstsein als Theologe, auch für meinen Glauben ist das eine ganz wichtige Haltung geworden, die sich in dieser kleinen Erzählung verdichtet.

Du hast gerade von Landschaften gesprochen, die für dich mit Transzendenzerfahrungen verknüpft. Die Nordsee-Insel Spiekeroog spielt da für dich auch eine besondere Rolle …

Jetzt muss ich aufpassen, dass ich nicht zu sehr ins Schwärmen gerate. Tatsächlich ist Spiekeroog für mich zu einem ganz besonderen Ort geworden. 1974 sind unsere Eltern mit uns drei Kindern zum ersten Mal auf die Insel gefahren. Seither ist sie so etwas wie ein zweites zu Hause für unsere Familie geworden. Ich bin jedes Jahr mindestens zweimal, meistens dreimal auf der Insel. An Pfingsten treffen sich aus unserer Familie alle, die Zeit und Lust haben, bringen Freund:innen mit und verbringen hier gemeinsame Tage. Beeindruckend ist für mich, dass es in unserer Familie einfach so geschehen ist, dass sich die Liebe zu Spiekeroog inzwischen bis auf die übernächste Generation übertragen hat. Und manchmal habe ich das Gefühl, die Bindung wird von Generation zu Generation intensiver. Der besondere Zauber liegt sicherlich darin, dass es keine Autos auf der Insel gibt, und sogar das Fahrradfahren ist eingeschränkt. Auch das Unterhaltungsprogramm ist überschaubar. Im Grunde fahren bei mir, sobald ich auf der Fähre sitze, sozusagen alle meine Betriebssysteme in den Ruhemodus. Wer sich auf dieser Insel bewegt, wird automatisch verlangsamt. Ich liebe die endlosen Spaziergänge mit meinem Hund am Strand entlang und ich liebe die intensiven Gespräche, die sich dabei mit meinen Nichten und mit meinem Neffen oder auch mit meinen Geschwistern und ihren Partner:innen ergeben. Auch gute Freund:innen besuchen mich immer wieder auf Spiekeroog. Und auch wenn unsere Eltern inzwischen leider nicht mehr mitfahren können, sind sie doch gerade in dieser Zeit sehr eng mit uns verbunden, denn sie kennen wie wir alle jeden einzelnen Weg, jede Erhebung, jedes Geschäft in dem kleinen Dorf und natürlich auch viele Inselbewohner:innen seit fünf Jahrzehnten. Ich glaube, ich kann nirgendwo so gut zuhören wie auf der Insel. Und ich überlasse mich in meinem Tagesablauf ganz der Natur, dem Rhythmus von Ebbe und Flut, dem Wind und der Sonne. Es gibt immer wieder Momente, in denen ich mich eins fühle mit dem Meer und dem Himmel, der so viel Raum einnimmt. Wenn meine Schwester diese Worte liest, wird sie vermutlich mit mir schimpfen. Sie hält mir immer wieder vor, ich hätte schon zu viele Leute auf die Insel gelockt, die nach ihrer Auffassung doch ein Geheimtipp bleiben sollte.

Der Blick für den einzelnen Menschen – du hast eben unterstrichen, wie wichtig dir diese Haltung ist. Dich zeichnet aber auch noch eine besondere Verbundenheit zu anderen Mitgeschöpfen aus. Du hast eben deinen Hund erwähnt …

Wenn es so etwas gibt wie Fügung oder Lebenswenden, dann verbindet sich das in meiner Biographie am ehesten mit dem Tag, an dem ich mich für meinen ersten Hund entschieden habe. Inzwischen ist das zwanzig Jahre her, in denen immer ein Hund an meiner Seite zu finden ist. Wenn ich manchmal augenzwinkernd sage: „Mich gibt es nur mit Hund“, dann hat das durchaus eine ernste Seite. Mit Hund zu leben, ist für mich existentiell geworden. Meinem Hund muss ich nichts beweisen, er findet mich immer gut.

Meine Hunde kamen immer von der Straße und hatten auch immer eine besondere Vorliebe für Menschen, die auf der Straße leben. Das fordert mich manchmal ganz schön heraus. Ich erinnere mich an eine berührende Szene. Ich war wie jeden Morgen mit meiner letzten Hündin Baba auf dem Weg von zu Hause in die KHG. Dieser Weg führt über die Alte Mainbrücke. Uns kam eine Frau mittleren Alters entgegen, die offensichtlich auf der Straße lebte und wohl auch alkoholkrank war. Ich steuerte relativ schnell an ihr vorbei. Meine Hündin hatte aber Blickkontakt mit der Frau aufgenommen und blieb stehen. Die Frau beugte sich liebevoll zu meiner Hündin herunter, sprach mit ihr und streichelte sie. Währenddessen lief ich weiter und die ausziehbare Leine zwischen meiner Hündin, die in aller Ruhe bei der Frau stehenblieb, und mir wurde immer länger. Und ich fühlte mich für einen Moment fast etwas beschämt. Sie hielt mir in diesem Moment einen Spiegel vor. Seither sage ich immer mal wieder, dass die ausziehbare Leine zwischen mir und meinen Idealen, zwischen mir und auch dem Anspruch Jesu manchmal ganz schön lang ist. Ich mag meine Hunde nicht zu sehr vermenschlichen und auch nicht pastoral verzwecken, aber ich kann in jedem Fall sagen, dass ich schon viel von ihnen gelernt habe. Eine zweite „Urerzählung“ mit meinem Hund ereignete sich in der U-Bahn in München. Ich war spätabends mit einem Freund und meinem Hund unterwegs, als eine Gruppe Jugendlicher die U-Bahn bestieg und sich in einiger Entfernung zu uns aufbaute und uns ins Visier nahm. Ich fürchtete in diesem Moment, dass die jungen Männer nichts Gutes im Sinn hatten. Als sich einer aus der Gruppe löste und mit schweren Stiefeln und Lederjacke auf uns zukam, sagte ich zu meinem Freund: „Ich glaube, jetzt gibt es Ärger.“ Der Jugendliche blieb vor uns stehen und sagte mit einer rauhen, aber beinahe kindlichen Stimme: „Darf ich mal deinen Hund streicheln?“ Dann setzte er sich neben meinen Hund auf den Boden und streichelte ihn und erzählte dabei, dass er als Kind auch einen Hund gehabt hätte, der aber überfahren worden sei. Mich hat diese Szene so berührt, dass ich sie seither immer wieder erzähle. Meine Hunde sorgen für mich tatsächlich für Unterbrechungen in meinem Denken und Urteilen, in der Art Menschen zu begegnen oder mich selbst zu sehen, sie lehren mich das Leben in der Gegenwart und das Genießen des Augenblicks, so dass ich ohne Zögern sagen mag, dass sie für mich zu spirituellen Lehrern geworden sind.

Und dann gehört aber auch dazu, dass sich Hunde vom ersten bis zum letzten Tag ganz auf dich verlassen. Und der Moment, in dem ich einen Hund loslassen oder einschläfern lassen muss, ist einer, den ich fürchte, wie kaum einen anderen. Zwei Hunde musste ich schon aus meinem Leben verabschieden und meine Umgebung weiß, wie mich das jedes Mal vollkommen aus der Bahn geworfen hat. Das Loslassen fällt mir schwer ...

Glaube

Sr. Philippa und Burkhard leben aus dem christlichen Glauben – und zwar aus einem freien Glauben, der manche kirchliche Enge hinter sich gelassen hat. Im folgenden Kapitel spüren sie dem Kern ihres Glaubens nach und übersetzen die alten Formeln und Bilder, so dass sie für Menschen der Gegenwart lebbar und zukunftsfähig werden. Es geht um die Bibel, um Jesus und seine Botschaft vom Reich Gottes, um die Dreifaltigkeit und das ewige Leben – vor allem aber um Hoffnung, Sehnsucht und Stärkendes.

***

Aus dem Scherbenhaufen kann neues Leben erwachsen – Sr. Philippa

Sr. Philippa, was macht Katholisch-Sein für dich aus?

Die Karl-Rahner-Akademie in Köln hat das Motto: „katholisch, offen, frei“. Das charakterisiert für mich das Katholisch-Sein sehr gut. Katholisch bedeutet allumfassend, weltumspannend. Das ist mir sehr wichtig, gerade auch im Vergleich zu anderen Konfessionen. Mich hat dieser weltkirchliche Aspekt des Katholisch-Seins schon als Kind immer besonders fasziniert. Unsere Eltern erzählten uns: Wenn wir heute zur Heiligen Messe in die Kirche gehen, dann kommen auf der ganzen Welt, auf allen Kontinenten, überall zu unterschiedlichen Zeiten Menschen zusammen, sodass die Messe rund um die Welt 24 Stunden am Tag gefeiert wird. Dieses Weltumspannende des Katholischen ist für mich bis heute von großer Bedeutung. Leider scheint es derzeit so, als ob *katholisch* für nicht wenige vom Urwort zum Unwort geworden wäre, so dass manche es im Credo kaum mehr über die Lippen bringen. Auch ich selbst, die ich noch ganz natürlich und selbstverständlich katholisch geprägt bin, spüre in mir ein wachsendes Unbehagen, ja auch die Scham, die es mir angesichts der vielen Skandale, (Missbrauchs-)Verbrechen und auch angesichts immer neuer römischer Machtdemonstrationen schwerfallen lässt, meine katholische Identität ohne inneren Zweifel und offenen Widerspruch zu bewahren. In solchen Momenten muss auch ich selbst mich immer wieder an den positiven Ursprung des Begriffs *katholisch* erinnern. Ich denke, es tut not, gemeinsam auf die Suche nach einer neuen zeitgemäßen katholischen Identität zu gehen, fernab von Abgrenzungen und Ausgrenzungen, von römischem Zentralismus, vom Festhalten an verkrusteten Hierarchien, unhinterfragbaren Vollmachten und Basta-Entscheidungen zu dieser oder jener Frage. Katholisch darf nicht gleichgesetzt werden mit römisch-katholisch. Weltkirche zu sein bedeutet eben nicht bloß ein straff organisiertes hierarchisches Top-Down-System, in dem alles zentral geregelt ist und alle über einen Leisten geschlagen werden. Nein, es fordert vielmehr echte gegenseitige Wertschätzung, Anerkennung von Verschiedenheiten, von regionalen Traditionen und nationalen Eigenheiten und Entwicklungen. Einheit in Vielfalt ist das Prinzip, das für mich das Katholisch-Sein heute prägen muss. Daran kontinuierlich zu arbeiten, sehe ich als wichtige Aufgabe an. In diesem Zusammenhang hat mich vor einiger Zeit ein Hirtenwort des Mainzer Bischofs Peter Kohlgraf aufhorchen lassen, in dem er schrieb: „*Katholisch sein hieß immer auch, Spannungen auszuhalten, sich den Fragen der Welt zu stellen, sein eigenes Herz und seinen eigenen Verstand zu gebrauchen und sich von Christus geliebt zu wissen. Katholisch sein hieß immer, diese Erfahrung allen Menschen zu wünschen und sich nicht egoistisch in die eigene Glaubenswelt zurückzuziehen* …“ (https://bistummainz.de/fastenhirtenbrief-2020) Ein sehr wahres Wort, finde ich.

Damit sind wir beim zweiten Stichwort: *offen*. Katholisch-Sein bedeutet für mich offen sein. Offen sein in dem Sinne, dass wir – wie Papst Franziskus das ja auch oft wiederholt – wirklich offen sind für alle. Dass wir allen Menschen mit offenem Herzen, mit offenem Geist und mit offenen Armen begegnen und damit einer universalen und wahrhaft ökumenischen Kirche Gestalt geben. Und das nicht einmal für immer, sondern jeden Tag neu. Das setzt voraus, dass wir zuerst vor allem *gott-offen* sind, wie Karl Rahner das einmal so schön formuliert hat. Dass wir uns nicht gänzlich verschließen, sondern offen bleiben für Erfahrungen, die größer sind als wir selbst und unseren eigenen Denkhorizont überschreiten. Der heilige Augustinus hat im dritten Buch seiner *Confessiones* (6,11) einmal von dem „*Homo incurvatus in se ipsum*" gesprochen, dem um sich selbst kreisenden, in sich selbst verkrümmten Menschen, der keinerlei Antennen für die Transzendenz hat und dementsprechend weder Gott noch seinen Nächsten überhaupt wahrnimmt.

Das Symbol der Gott-Offenheit ist indessen der geöffnete Himmel, bei der Taufe Jesu etwa oder bei seiner Verklärung auf dem Berg Tabor. Der geöffnete Himmel steht für die Selbstmitteilung Gottes an seinen Sohn und damit zugleich auch an uns Menschen. Diesem Anruf Gottes gilt es, in aller Freiheit Antwort zu geben. Das ist für mich eine Lebensaufgabe, die mit dem Katholisch-Sein untrennbar verbunden ist.

Damit komme ich zum dritten Stichwort: *frei,* das für mich ebenfalls unabdingbar zum Katholisch-Sein gehört. Gott hat uns in Freiheit gesetzt. Er hat uns in Freiheit erschaffen und in Freiheit in die Welt gesandt. Er zwingt den Menschen nicht, sondern er wartet darauf, dass wir uns ihm zuwenden und unseren Schöpfungsauftrag in aller Freiheit erfüllen. Diese Freiheit darf aber nicht mit Beliebigkeit oder Willkür verwechselt werden, sondern ist immer eingebunden in die Verantwortung. Sie ist die andere Seite der Freiheit. Verantwortung für uns selbst, Verantwortung für die anderen Menschen und Verantwortung für unsere Mitwelt und Umwelt. Das gehört für mich ebenso zum Katholisch-Sein. Die heilige Hildegard von Bingen hat sich oft und viel mit diesem Thema beschäftigt. In Freiheit übernommene Verantwortung ist für sie ein schöpferischer Akt der Liebe. Sie ist die liebende Antwort des Menschen auf die ganz und gar ungeschuldete, immer schon dagewesene und nie endende Liebe Gottes zu uns. So hat sie es in ihrer Schrift *Liber vitae meritorum – Der Mensch in der Verantwortung* beschrieben. Ein wunderbarer und zugleich höchst aktueller Gedanke.

Was gehört für dich noch zum Katholisch-Sein?

Da sind zum einen die Feste und Zeiten im Kirchenjahr, die einem bestimmten vorgegebenen Kreislauf entsprechen und unserem Leben Struktur und Halt geben. Meiner Einschätzung nach wird das in anderen Konfessionen nicht so betont und gelebt wie in unserer. Das Kirchenjahr war für mich immer fester Bestandteil meines Lebens und das ist auch heute im Kloster noch so: Die Weihnachts-, Fasten- und Osterzeit, die Marienmonate Mai und Oktober, der Monat November, der an die Vergänglichkeit des Lebens erinnert und uns einlädt, den Tod als Teil des Lebens zu betrachten – das alles ist mir wichtig. Wobei ich mir auch bewusst bin, dass wir da inzwischen ein Stück weit eine aussterbende Spezies sind. Viele Menschen sind heute zwar noch katholisch, aber können doch nur noch wenig mit dem Kirchenjahr anfangen. Vielleicht haben wir auch nicht genug getan, um das Heilsame eines solchen Kreislaufs des Lebens zu vermitteln. In unserer Abtei versuchen wir, den drohenden Verlust ein wenig aufzufangen, indem wir im Gästehaus Kurse anbieten, die ganz spezielle Zeiten im Kirchenjahr besonders in den Blick nehmen. Auch kommen viele Menschen ganz gezielt zu bestimmten Festzeiten im Kirchenjahr, zum Beispiel in der Kar- und Osterwoche oder zu Weihnachten und zum Jahreswechsel, um die entsprechende Liturgie mit uns zu feiern und mit uns zusammen zu sein. Denen möchten wir einen Raum geben und sie in unserer Mitte willkommen heißen.

Damit bin ich bei einem weiteren Stichwort, das für mich das Katholisch-Sein ausmacht: nämlich die Liebe zur Liturgie und zum sakramentalen Charakter der Kirche. In ihnen drückt sich für mich wesentlich das Geheimnis unseres Glaubens aus. In ihnen können wir Gott, dem „*Deus semper maior*", der immer größer ist, als wir ihn uns je vorstellen können, unmittelbar begegnen. In ihnen berührt er uns im Innersten, nimmt uns an und kommt durch die so oft verschlossenen Türen meines Herzens, meiner Ängste, meiner Sehnsucht, meiner Vorstellungen und Gedanken. Durch diese Berührung kann er mich wirklich verwandeln und neu werden lassen.

Als Benediktinerin habe ich natürlich einen besonderen Zugang zur Liturgie, vor allem auch zum Gregorianischen Choral, jenen uralten und, wie ich finde, niemals veraltenden Gesängen, die auf so einmalige Weise das Wort Gottes in Melodien umgesetzt haben. Viele Menschen kommen eigens in unsere Abtei, um diese schlichten und doch so tiefen Gesänge zu hören. Das ist übrigens auch ein Zeichen unserer Zeit, dass das Einfache in der Liturgie wieder mehr wertgeschätzt wird. Die pompösen, mit vielen Zeremonien aufgeladenen Hochformen der Liturgie sind auch für mich heute oft nicht mehr überzeugend und stimmig. Ich erinnere mich in diesem Zusammenhang gern an den Urbi-et-Orbi-Sondersegen in Rom mitten im Corona-Lockdown im März 2020. Dieses Bild des einsamen Papstes Franziskus auf dem leeren Petersplatz hat sich mir und sicher auch vielen anderen Menschen tief eingeprägt. Fast schon ikonisch war das. An solche schlichten, einfachen und unaufdringlichen Gottesdienstformen sollten wir vermehrt anknüpfen.

Die Zeiten, in denen *Ein Haus voll Glorie schauet* oder *Großer Gott, wir loben dich* aus voller Kehle gesungen wurde und dabei die Kirchenwände erbebten, sind endgültig vorbei. Und das ist auch gut so. Auch ich liebe inzwischen die kleinen, eher unscheinbaren Gottesdienste – in unserer Gemeinschaft, aber auch, wenn ich unterwegs bin, mit verschiedenen Gruppen, in kleinen Kreisen. Da erlebe ich beeindruckende Wortgottes- oder Eucharistiefeiern, in denen wirklich Gemeinschaft entsteht, in denen wir an die Communio-Erfahrungen der ersten christlichen Gemeinden der Urkirche anknüpfen. In denen wir einfach zusammenkommen, um Gott zu loben und zu danken, um zu beten und zu bitten, um gemeinsam Mahl zu halten und miteinander Brot zu teilen. Wir dürfen in der Liturgie nicht nur in dem bisher bekannten Rahmen verharren und uns nicht nur mit den altgewohnten Formen zufriedengeben. Wir müssen kreativ sein, fantasievoll weitersuchen, die Grenzen der von der Tradition vorgelegten Antworten übersteigen und Neues wagen. Das Ganze ist ein Prozess, in dem sich unser Katholisch-Sein Schritt für Schritt weiterentwickelt und hoffentlich der Lebenswirklichkeit der Menschen heute wieder näherkommt. Wie heißt es doch im Ersten Johannesbrief: „Jetzt sind wir Kinder Gottes. Doch ist noch nicht offenbar geworden, was wir sein werden.“ (1 Johannes 3,1–2) Es ist tatsächlich für mich noch nicht offenbar geworden, wie wir als katholische Christinnen und Christen künftig unseren Glauben und unser Kirche-Sein leben und feiern werden.

Du drängst auf eine Weiterentwicklung des Katholischen. Sagen dir manchmal Menschen, du könntest doch einfach konvertieren?

Nein, das habe ich so noch von niemandem gehört. Offenbar spüren die Menschen, dass Konvertieren für mich nicht in Frage kommt. In unserem Frauenbuch *„Weil Gott es so will"* sind einige wenige Autorinnen, die zur evangelischen oder alt-katholischen Kirche übergetreten sind, um ihrer Vorstellung von Kirche-Sein heute näher zu kommen und ihre Sehnsucht nach dem Priesterinnenamt endlich leben zu können. Ich selbst könnte diesen Schritt nicht gehen. Das wäre für mich ein Verrat an mir selbst. Dazu bin ich zu sehr katholisch geprägt. Treue gilt für mich in guten und in schlechten Tagen. Das gilt für mich auch in meinem Glauben und in meiner Konfession. Jetzt unsere Kirche zu verlassen, um das Priestertum für die Frauen oder andere Reformen schneller zu erreichen, wäre für mich keine Option. Gerade in diesen so schwierigen Zeiten möchte ich dabeibleiben und das mir Mögliche tun, um unsere Kirche von innen her zu reformieren.

Du hast eben den benediktinischen Weg, Christus zu erfahren und Gott zu begegnen, hervorgehoben. Nämlich in der Liturgie, in den Sakramenten. War das für dich immer schon so? Oder hat sich dies im Laufe deines Lebens auch gewandelt?

Mein Glaubensweg ist ein Weg voller Wandlungen. Und das ist auch gut so, finde ich. Dieses Buch zeugt ja davon. Ist Wandlung nicht das eigentliche Geheimnis unseres Glaubens? Ich denke, schon. Da halte ich mich ganz an den heiligen John Henry Newman, jenen englischen Kardinal, der einmal sagte: „To live is to change – and to have lived well is to have changed often." Zu Deutsch: „Leben ist Wandel – und gut zu leben, heißt, sich oft zu wandeln." Erst in der Veränderung bleibt wahre Identität bewahrt. Ich bin gleichzeitig die, die ich immer war, und bin doch durch viele Wandlungen gegangen. In der Hoffnung, immer mehr bei Gott und bei Christus zu landen.

Du sprichst immer von Christus – Burkhard eher von Jesus …

Das stimmt, in meinem Professring sind auch die Buchstaben „Christus" eingraviert, nicht wie bei den meisten meiner Mitschwestern „Jesus". Der Hoheitstitel Christus entspricht meinem Gottesbild mehr. Christus, der Kyrios, der Gesalbte, der auferstandene, erhöhte und anbetungswürdige Herr, bringt für mich die Einheit von Gottvater und Sohn stärker zum Ausdruck als der bloße Eigenname Jesus. Für mich war sehr viele Jahre lang Gott mein alleiniger und eigentlicher „Ansprechpartner" im Gebet. Ich wollte die direkte Verbindung, ohne „Umwege" und „Mittlergestalten". Eines Tages aber habe ich begriffen, und das in einem ganz tiefen Sinn, dass Gottvater und Jesus so sehr eins sind und eine solch untrennbare Einheit bilden, dass der jeweils andere immer schon mitgedacht und mitgemeint ist. Seither hat Jesus, der Christus, für mich ganz neu an Bedeutung gewonnen. Und so ist es bis heute. Dass dagegen die Person Jesus – als Bruder – für Burkhard mehr im Mittelpunkt steht, passt einfach zu ihm. Alles andere hätte mich auch gewundert. Gerade diese Brüderlichkeit zeichnet ihn ja auch selbst so sehr aus.

Du sprachst von den verschiedenen Glaubenswahrheiten. Welche ist in den letzten Monaten bzw. Jahren für dich in den Vordergrund getreten?

Lange Jahre lang war ich ein vollkommen österlich geprägter Mensch. Das Geheimnis von Tod und Auferstehung stand für mich im Zentrum meines Glaubens. Und die Feier des *Triduum Sacrum,* der heiligen Tage von Gründonnerstag, Karfreitag, über Karsamstag bis Ostern, war für mich der Höhepunkt des Kirchenjahres und meines persönlichen geistlichen Lebens. Noch heute liebe ich die liturgischen Gesänge dieser Tage besonders. In den letzten Jahren ist mir dann aber das Weihnachtsgeheimnis immer wichtiger geworden und nähergekommen. Dass unser großer Gott Mensch wird, arm und klein in einer Krippe, um bei uns zu sein und unser oft so armseliges und zerrissenes Leben zu teilen, das ist für mich ein so unfassbares Geheimnis und Geschenk, dass ich nur staunend davorstehen, anbeten und Dank sagen kann.

Eine Zeit lang – im Studium – hat auch einmal die Gestalt Mariens für mich im Mittelpunkt meines geistlichen Lebens gestanden. Ich habe sie damals ganz neu entdeckt. In meiner Kindheit und Jugend bin ich ja durch eine sehr klassische Marienfrömmigkeit geprägt worden. In der Studentengemeinde dagegen lernte ich – nicht zuletzt durch Karl Rahner und Marianne Dirks – die andere Maria kennen, die starke und selbstbewusste Frau, die rebellische und gesellschaftskritische Maria, die vom Geist erfüllt ihr Magnificat sang (Lukas 1,46–55). Das war schon die Anfangszeit der feministischen Theologie und der Befreiungstheologie, die mir nun auf einmal ganz neue Perspektiven auf die Bibel und ihre gesellschaftskritischen Ansätze eröffnete. Heute, 40 Jahre später, ist mir dies alles wieder sehr präsent im Zusammenhang mit meinem Einsatz für Geschlechtergerechtigkeit und für die Frauen in der Kirche.

Parallel dazu kam auch die vertiefte Wahrnehmung dessen, dass Jesus Christus sich immer wieder mit radikaler Konsequenz den ausgeschlossenen und an den Rand gedrängten Gruppen seiner Zeit, den Armen, Diskriminierten und Entrechteten zugewandt hat, sich mit ihnen solidarisch gezeigt und damit Grenzen gesprengt hat, die Gesellschaft und Religion seiner Zeit setzten. Da ist für mich zum Beispiel das Wunder der Aussätzigenheilung ein ganz starker Impuls gewesen. Jesus hat keinerlei Berührungsängste, wendet sich den Menschen vorbehaltlos zu, nimmt sie an, wie sie sind, und befreit sie aus ihrer Isolation. Wie viele „Aussätzige" haben wir heute in unserer Gesellschaft und auch in unserer Kirche. Wie viele Gruppen, die benachteiligt, ausgegrenzt und diskriminiert werden. Keineswegs nur die Frauen. Das alles ist mir auch durch meine Freundschaft mit Burkhard noch einmal stärker ins Bewusstsein gedrungen. Ich habe zum Beispiel in meinem persönlichen Umfeld früher eher wenig Kontakt zu LGBTQ-Personen gehabt. Aber diese Dimension des Lebens Jesu und des Evangeliums ist mir noch einmal viel deutlicher geworden durch Burkhards Engagement in der Kampagne #OutInChurch.

Lange Rede, kurzer Sinn: In jedem Glaubensleben, auf jedem geistlichen Weg treten aus meiner Sicht bestimmte Aspekte des Christentums und des Glaubens immer eine Zeitlang in den Vordergrund, andere wiederum in den Hintergrund. Einmal ist uns der zurückgezogene und einsam betende Jesus näher, ein anderes Mal der öffentlich wirkende, das Reich Gottes verkündende und heilende. Es ist ein ständiges Wechselspiel, ein Werden und Vergehen, ein Wachsen und Reifen. Das bereichert mich und lässt mich in meinem Glauben immer Neues entdecken.

Das ist ja auch gerade der große Reichtum der Bibel. Man liest sie im Grunde immer wieder neu.

Genau diese Erfahrung mache ich tatsächlich täglich. Wir hören im Gottesdienst im Drei-Jahres-Rhythmus der Lesejahre A, B und C immer wieder die gleichen Texte. Und doch hören wir sie immer neu. Wir pflegen in unserem klösterlichen Leben die gute alte Tradition der *lectio divina*, einer geschützten Zeit am Tag, in der wir uns jede für sich mit der Heiligen Schrift oder auch mit sie vertiefender geistlicher Lektüre beschäftigen. Im Rahmen dieser *lectio divina* habe ich über 15 Jahre lang ein Bibeltagebuch geführt. Aus den jeweiligen Tagestexten der Heiligen Messe habe ich mir jeden Morgen einen Schlüsselsatz herausgeschrieben, der mir ins Auge und ins Herz sprang. Dann habe ich mir dazu meine eigenen Gedanken notiert, die mich den Tag hindurch begleiteten. Mein Bücherregal ist voll von Heften und Kladden mit diesen Bibeltagebuch-Notizen. Wenn ich sonntags Zeit habe, dann nehme ich mir immer wieder einmal eine davon hervor und schaue, was ich vor drei, vor sieben, vor zehn oder vor 15 Jahren zu diesem oder jenem Text geschrieben habe. Das ist eine höchst spannende und aufschlussreiche Erfahrung. Denn es sind immer wieder völlig andere Dinge, die mir seinerzeit, in der damaligen Lebenssituation, wichtig waren und mich herausgefordert haben. Wir lesen und hören die biblischen Texte also tatsächlich immer mit neuen Augen und mit neuen Ohren, denn Gott spricht immer in mein Heute hinein. Diese Erfahrung können wir allerdings nur machen, wenn wir kontinuierlich dranbleiben. Sich regelmäßig 20 oder auch nur 10 Minuten am Tag ansprechen lassen von Gottes Wort und den Tag und das eigene Leben dadurch prägen lassen: das kann ich nur jedem ans Herz legen, der bewusst leben und sein Leben aus dem Glauben gestalten will.

Eine weitere wichtige Quelle deines geistlichen und seelsorgerischen Lebens ist für dich die Logotherapie geworden …

Viktor Frankl und seine Logotherapie und Existenzanalyse hatten mich schon in den 80er Jahren sehr interessiert, aber ich hatte nie Zeit, mich näher damit zu beschäftigen. Als ich 2005 die Sorge für meine demenzkranke Schwester übernahm und alle meine bisherigen Ämter im Kloster abgab, suchte ich zunächst nur nach einem Weg, meinen Geist am Abend aktiv zu beschäftigen. „Zufällig“ sah ich dann im Internet die Ausschreibung für ein Fernstudium der Logotherapie und Existenzanalyse. Unsere damalige Äbtissin erlaubte mir auch sofort, mich dafür anzumelden. Rein „zufällig“ ergatterte ich den letzten noch freien Platz. Zufall oder Fügung? Heute bin ich sicher, dass auch da Gott seine Hände im Spiel hatte. Denn für mich wurde dieses Studium im wahrsten Sinne des Wortes lebensrettend. Tagsüber war ich ganz durch die Betreuung meiner Schwester in Anspruch genommen. Und abends tauchte ich ein in die Gedankenwelt Viktor Frankls und seiner Nachfolgerin Elisabeth Lukas. Die von ihnen entwickelte sinnzentrierte Psychotherapie halte ich bis heute für eine der besten und wirksamsten Therapieformen. Den Grundstein legte Frankl, der mehrere Konzentrationslager überlebt und später bis zu seinem Tod 1997 als Neurologe und Psychiater in Wien gearbeitet hat, mit seinem Buch *Trotzdem Ja zum Leben sagen*. Ein beeindruckendes Hoffnungsbuch, das seine Erfahrungen in Auschwitz schildert und millionenfach und in vielen Sprachen verbreitet ist. Wie ein Mensch durch solch unfassbares Leiden hindurch überleben kann, ohne sich selbst und seinen Glauben an Gott und an die Menschheit zu verlieren, ist für mich ein Wunder. Eine von Viktor Frankls Grundannahmen ist, dass viele psychische Erkrankungen ihre Ursache in einer tiefen Sinnkrise haben und dass man Menschen mit der Logotherapie (*logos* = Wort und auch Sinn) nachhaltig helfen kann, einen Sinn in ihrem Leben zu finden. Ich habe das auf zwei Ebenen selbst erlebt. Zum einen konnte ich mir mithilfe von Frankls Büchern tatsächlich selbst durch Krisenzeiten hindurchhelfen. Neben meinem Glauben hat mir die Logotherapie in den schwierigen Jahren sehr geholfen, mich selbst nicht zu verlieren. Zum anderen habe ich später die Erfahrung gemacht, dass ich mit Hilfe der Logotherapie wiederum anderen Menschen aus Krisen heraushelfen und ihnen neue Horizonte und Sinnperspektiven eröffnen konnte. Sie gewannen dadurch wieder Boden unter den Füßen und konnten Schritt für Schritt an Leib und Seele gesunden. Ein Bild ist mir von Viktor Frankl noch sehr in Erinnerung. Er schrieb einmal sinngemäß: Wenn Wolken den Himmel bedecken, so heißt das nicht, dass dahinter keine Sonne scheint. Versuche also, die Wolken wie einen Vorhang Stück für Stück zur Seite zu schieben. Dann kommt irgendwann die Sonne wieder heraus. Ein schönes Bild, finde ich.

Das Wegweisende an der Logotherapie ist für mich auch, dass sie zeitlich klar begrenzt und vor allem zukunftsgewandt ist. Viele andere Therapieformen sind mehr rückwärtsgewandt und nehmen in scheinbar endlosen Therapiezyklen die immer gleichen Verletzungen, Verwundungen und Traumata in den Blick. Damit eröffnen sie aus meiner Sicht aber zu wenig neue Perspektiven und machen die Klient:innen bzw. Patient:innen eher abhängig von der Therapie, anstatt sie so bald wie möglich wieder in die Freiheit und Eigenverantwortung zu entlassen. Mir ist die Logotherapie heute in der geistlichen Begleitung eine große Hilfe, ein wichtiges Handwerkszeug, um Menschen zu helfen.

Was ist dir in der geistlichen Begleitung von Menschen besonders wichtig? In den letzten Jahren wurde ja viel über spirituellen Missbrauch diskutiert …

Das Wichtigste in der geistlichen Begleitung ist für mich das vorurteilsfreie Hören, das aufmerksame und achtsame Zuhören. Der oder die Begleitete muss frei sein, den eigenen Weg zu finden und den jeweils nächsten Schritt in eigener Verantwortung und völliger Freiheit zu gehen. Ich als Begleiterin gehe an der Seite mit. Ich gebe ihm oder ihr Geleit, ohne dabei Führung zu beanspruchen oder vorzugeben, den Weg bereits zu kennen. Wir sind gemeinsam unterwegs und geben dabei Gott, dem unsichtbaren Dritten, der mit uns unterwegs ist, möglichst viel Raum. Ab und zu stelle ich eine Frage, äußere einen Gedanken, weise auf das ein oder andere Wort Jesu oder auf eine bestimmte Bibelstelle hin, die weiterführen und Orientierung geben könnten. Das alles aber sehr behutsam und zurückhaltend. Niemals darf der oder die geistliche Begleiter:in vorgeben, Gottes Wege genau zu kennen. Oder die Seele des anderen zu durchschauen. Hier bereits droht die Gefahr der Manipulation und des spirituellen Missbrauchs. Der Grat ist schmal. Für den Begleitenden muss immer und überall gelten, sich selbst ganz zurückzunehmen und durchscheinend zu werden auf den einzigen wirklichen geistlichen Begleiter: auf Christus.

Christ-Sein und Katholisch-Sein geschieht nicht im luftleeren Raum. In Deutschland sind die Christen zum ersten Mal in der Minderheit, Europa ist so säkularisiert wie kaum ein anderer Kontinent. Treibt dich das um?

Ich mache mir Sorgen, ja. Mehr als die nackten Zahlen treibt mich aber um, dass so viele Menschen die Kirche infolge der Missbrauchskrise und des Vertuschungsskandals verlassen. Der mangelnde Wille zur Aufklärung dieser Verbrechen und der viel zu zaghafte Reformwillen lassen viele verzweifeln und resignieren. Vieles an der derzeitigen Krise ist also hausgemacht. Das belastet mich und macht mich manchmal auch wütend. Denn das alles müsste nicht sein. Was mich in diesem Zusammenhang auch sehr bewegt, ist, dass vielen Ausgetretenen ihr Glaube nach wie vor sehr wichtig ist und manche von ihnen gerade deshalb austreten, weil sie ihren Glauben bewahren wollen. Diese Menschen sind innerlich getroffen, verwundet und verletzt. Sie verkraften die innere Zerrissenheit zwischen dem christlichen Anspruch und der Wirklichkeit der Kirche nicht länger. Nun suchen sie nach neuen Formen christlichen Lebens.

Was da gerade passiert und jetzt an Neuem heranwächst, stimmt mich andererseits aber auch hoffnungsfroh: Es entstehen Gruppen, Hausgemeinden und Hauskirchen, die sich zum Bibelteilen, zu Wortgottesfeiern, zum Brotbrechen, zu gemeinsamem zivilgesellschaftlichem, sozialem und ökologischem Engagement treffen. In manchem ähneln diese neuen Formen des Miteinanders der Jerusalemer Urgemeinde. So hat die Kirche auch einmal angefangen vor 2000 Jahren: Glauben teilen, zusammen beten, gemeinsame Arbeit, gemeinsames gesellschaftliches Engagement. Zurück zu den Wurzeln also. Graswurzelbewegungen, Basisgemeinden, die die Kirche, wie wir sie aus unserer Kindheit kennen, ablösen könnten. Die Zeit der Volkskirche ist endgültig vorbei. Damit müssen wir uns abfinden. Aber aus dem Scherbenhaufen kann neues Leben erwachsen. Manchmal muss Altes zusammenbrechen, damit Neues entstehen kann.

Vorhin habe ich erzählt, dass mir einmal eine Keramikkreuz in viele Stücke zerbrochen ist. Aus den Scherben hat dann meine Mitschwester Christophora, die Keramikerin ist, einen wunderschönen Christustorso geschaffen. Dieser steht in meinem Büro und lässt mich jeden Tag an die beschriebene Entwicklung denken. Es wird noch sehr vieles zusammenbrechen. Aber aus den Ruinen wird Neues und Schönes entstehen. Es gibt ein Gedicht von Marie Luise Kaschnitz mit dem Titel *Auferstehung im Leben*, das mich immer wieder bewegt. Eine Erfahrung, die auch ich selbst oft gemacht habe: Auferstehung mitten im Leben. Ja, ich glaube daran, dass auch unsere Kirche auferstehen kann, mitten im Leben. Aber anders, ganz anders als wir es vielleicht erwarten oder angestrebt haben. Insofern leben wir heute in sehr interessanten und spannenden Zeiten. Deshalb bin ich auch keineswegs resignativ oder depressiv gestimmt. Im Gegenteil, ich bin sehr neugierig und hoffe, dass ich lange genug leben werde, um zu sehen, wie sich dieses Neue entwickelt.

Und der Kern wird so auch wieder freigelegt.

Ich hoffe sehr, dass wir dem Eigentlichen damit wieder näherkommen. Viele beklagen ja immer wieder, wir hätten uns vom Eigentlichen entfernt. Ich denke, dass gerade das Umgekehrte passiert. Wir kehren zurück zum Eigentlichen, zum Evangelium und zu den Anfängen des Christentums und legen damit den Kern wieder frei.

Und doch ist man ja heute wirklich angefochten, wenn man bleibt und sich sogar dafür rechtfertigen muss.

Das finde ich gar nicht so negativ. Im ersten Petrusbrief gibt es eine Stelle, die ich mir immer wieder zu Herzen nehme. Dort heißt es in Kapitel 3, Vers 15–16: „Seid stets bereit, jedem Rede und Antwort zu stehen, der nach der Hoffnung fragt, die euch erfüllt …“ Es ist gut, wenn wir jetzt wieder mehr dazu gezwungen sind, über unseren Glauben Rechenschaft abzulegen – uns selbst und anderen. Das ist heilsam und kann uns dazu ermutigen, uns wieder mehr und intensiver mit unserem Glauben und unserer christlichen Kultur zu beschäftigen. Es geht darum, den erlernten Kinderglauben, in dem viele steckengeblieben sind, hinter sich zu lassen und sich der herausfordernden und oft auch anstrengenden Suche nach einer reifen und erwachsenen Gottesbeziehung zu stellen.

In diesem Zusammenhang kann ich vielleicht ein wenig von unserer Gästearbeit im Kloster erzählen. Es kommen viele Menschen zu uns, die genau auf dieser Suche nach neuen Erfahrungsräumen sind. Bei weitem nicht alle sind katholisch oder christlich geprägt. Da kommt eine bunte Vielfalt an Menschen zusammen, die aber eines gemeinsam haben: Sie sind auf der Suche – auf der Suche nach sich selbst, auf der Suche nach dem Sinn ihres Lebens und letztlich oft auch auf der Suche nach dem unbekannten Gott. Wir versuchen, diesen Menschen weniger durch Reden eine Antwort auf ihre Fragen zu geben als durch die Einladung zur Teilnahme an unserem alltäglichen Leben. „Kommt und seht“ hat Jesus gesagt und die Suchenden seiner Zeit zu sich nach Hause eingeladen. Solch einladende Offenheit und Gastfreundschaft ist es, die zählt. Die Menschen, die zu uns kommen, lernen auf diese Weise die heilsamen Elemente unseres Lebens kennen, zum Beispiel in den sehr beliebten Ora-et-labora-Wochen. Dazu gehört eine gewisse Regelmäßigkeit, eine maßvolle Ordnung im Wechsel von Gebet und Arbeit, von Schlafen und Wachen, von Schweigen und Gespräch. Unsere Welt ist so unendlich geräuschvoll, so chaotisch und anstrengend geworden, dass viele schon einen geregelten Rhythmus und vor allem die

Stille ganz neu für sich als heilsam erfahren. Wir Schwestern brauchen da gar nicht viel „tun“. Wir bieten den Gästen einen Raum, in dem sie zu sich und – so Gott will – dann auch zu Gott kommen können. Wir gehen dabei nur neben ihnen, hören ihnen zu, geben ihnen die Möglichkeit, sich mitzuteilen, ihr Leben zu teilen und am Ende selbst die Antworten auf ihre Fragen zu finden. Gerade für diese Begegnungen mit suchenden Menschen bin ich immer wieder dankbar. Der Lebens- und Erfahrungsraum Kloster kann denjenigen, die sich darauf einlassen, dann hoffentlich neue Perspektiven und sinnvolle Wegweisung schenken.

Ich denke, dass dieser Weg der Begleitung von Menschen in Zukunft auch noch ausbaufähig ist. Ich träume davon, Menschen, die unsere Kirche verlassen haben oder die daran denken, sie zu verlassen, einen solchen Raum anzubieten, wo sie sich auf Zeit verankern und eine neue Heimat finden können. Wir dürfen diese Menschen nicht abschreiben, sie nicht vergessen, sondern müssen uns ihnen aktiv zuwenden. Ihnen Orte und Räume bieten, an denen sie sich vernetzen und treffen können, wo sie zu bestimmten Anlässen, zum Beispiel zu Lebenswende- oder Segensfeiern, zusammenkommen dürfen. Ihre spirituellen Bedürfnisse hören ja mit dem Austritt aus der Kirche nicht auf. Viele bleiben „anonyme“ oder auch „säkulare“ Christen, wie das Karl Rahner einst und heute Robert Habeck so schön nennen. Unsere Klöster wären prädestinierte Orte für diese Menschen, weil sie von vielen zwar als katholisch wahrgenommen werden, aber doch eine Art Sonderstellung in der Kirche einnehmen und gerade deshalb mehr Vertrauen und mehr Glaubwürdigkeit genießen.

In Zukunft wird die Trennung zwischen den Bleibenden und den Ausgetretenen, innen und außen, vermutlich ohnehin immer mehr verschwinden. In den Klöstern könnte der Schlüssel für die Zukunft der Kirche liegen.

Das ist vielleicht ein bisschen hoch gegriffen. Aber auf jeden Fall haben unsere Klöster noch wichtige Aufgaben in diesem großen Veränderungs- und Transformationsprozess, in dem sich unsere Kirche und unsere Gesellschaft zurzeit befinden. Dazu würde nebenbei gesagt auch gehören, dass wir uns über die Nutzung unserer Kirchengebäude neu Gedanken machen. Unsere Abteikirche zum Beispiel ist, wie erwähnt, inzwischen viel zu groß geworden. Ich würde sie gerne umgestalten und aufteilen in einen gottesdienstlichen Raum rund um den Altar im Presbyterium und einen offenen, einladenden Raum für Zusammenkünfte, für Austausch, für Feiern aller Art im Kirchenschiff. Derzeit befinden wir uns da noch in einem Denkprozess, von dem wir noch nicht wissen, wohin er uns genau führen wird. Es bleibt spannend. Und wie so oft vertraue ich auch da auf die Führung der heiligen Geistkraft.

Du ordnest dich zwischen Spannung und Gelassenheit ein. Hast du auch weiterhin Hoffnung?

Mein Hoffnungspotenzial ist unbegrenzt. Das betone ich immer wieder. Die Hoffnung ist für mich die stärkste Kraft überhaupt. Ohne sie gäbe es kein Leben, keine Zukunft. Manche lachen über mich, wenn ich so spreche, halten mich für naiv. Aber ich bin überzeugt, das Gegenteil ist der Fall. Wer auf Hoffnung setzt und an ihr festhält – trotz allem –, der braucht Stärke und Mut. Tomáš Halík hat in seinem Buch *Nachmittag des Christentums* einmal von der

„Torheit der Hoffnung“ gesprochen. Eine solche Torheit der Hoffnung mache ich mir gerne immer wieder zu eigen.

Erspürst oder erdenkst du dir die Hoffnung eher?

Ich spüre sie als Kraft, die mir hilft, nie aufzugeben, dabei zu bleiben, immer weiterzugehen. Ich spüre sie auch, wenn ich bestimmte Bibelstellen betrachte, wie zum Beispiel das vierte Kapitel im Römerbrief, wo geschrieben steht: „Wider alle Hoffnung hat Abraham voll Hoffnung geglaubt ...“ Es gibt so viele Hoffnungsgeschichten und Hoffnungsgestalten in der Heiligen Schrift. Sie erzählen von Menschen, die mit ihrer Hoffnung Grenzen überwunden haben, die gerettet und geheilt wurden, die buchstäblich am eigenen Leib Wunder erlebt haben, weil sie daran geglaubt haben, dass es solche gibt. Ich bin fest davon überzeugt, dass es auch heute Wunder gibt, dass Christus solche Wunder wirkt und auch unsere Kirche heute verändern kann. Dazu braucht es allerdings Augen, die sehen, Augen, die die Realität wahrnehmen, wie sie ist, und gleichzeitig nie den Blick dafür verlieren, wie die Welt und unsere Kirche aussehen könnten. Insofern kann ich mir Hoffnung sicher zum Teil auch „erdenken“. Es braucht Visionäre und realistische Träumer. Ich denke da zum Beispiel an Martin Luther King und seine berühmte Rede „I have a dream“. Solche Hoffnungsgestalten brauchen wir heute vielleicht mehr denn je. Und auch wir selbst sollten und können solche Hoffnungsgestalten sein.

Außerdem bin ich mit der Zeit auch ein Stück gelassener geworden. Ich denke nicht, dass unbedingt alles zu meinen Lebzeiten geschehen muss. Dennoch bin ich überzeugt, dass zum Beispiel in der Frauenfrage in den nächsten 20 Jahren Entscheidendes passieren wird. Sonst werden die Frauen in vielen Teilen der Welt die Kirche nach und nach verlassen.

Nehmen wir, wie schon mal erwähnt, nur als Beispiel die 150 Autorinnen des Buches *„Weil Gott es so will"*. Die Allermeisten von ihnen wollten, als sie vor drei Jahren ihren Beitrag schrieben, noch Priesterin oder Diakonin werden. Heute sagen viele von ihnen: In diese Kirche hinein wollen wir gar nicht mehr geweiht werden. Wir müssen zunächst grundsätzlich neu über die Ämterfrage nachdenken, den Klerikalismus überwinden, synodale Strukturen auf allen Ebenen einführen. Erst danach stellt sich für uns die Frage nach dem priesterlichen und diakonischen Amt wieder neu. Bis dahin gilt für uns: Wir wirken bereits priesterlich und diakonisch, nur eben ohne Anerkennung der Kirche.

Was andere Reformen in unserer Kirche angeht, so denke ich wirklich nicht, dass ich diese alle noch erleben muss. Die Kirche war und ist eine *ecclesia semper reformanda*, sie bedarf stets der Erneuerung. Das Wichtigste ist, dass Veränderungsprozesse überhaupt in Gang kommen und dass sie in Gang bleiben. Und da hat sich in den letzten drei, vier Jahren doch einiges entwickelt. Natürlich sind die meisten von uns ungeduldig, ich auch. Wir leben in einer sehr schnellen und atemlosen Zeit. Und der Reformstau der letzten Jahrzehnte ist einfach auch zu groß und dauert schon viel zu lange. Ich halte es aber auch für möglich, dass Menschen, die unserer Kirche den Rücken gekehrt haben, sich wieder umwenden und zurückkehren, wenn sie merken: Es passiert wirklich etwas.

Zurzeit sind Umwälzungen epochaler Art im Gange, Gemeinden lösen sich auf, Kirchen werden profaniert. Je mehr dies passiert, je heimat- und orientierungsloser die Menschen werden, desto mehr suchen sie nach „Andersorten", wo der Glaube noch gelebt wird. Klöster sind solche „Andersorte". Vor einiger Zeit hatte ich ein Gespräch mit einer Gruppe von Menschen, die aus der Kirche ausgetreten sind. Sie suchten nach einem offenen Ohr und einem offenen Herz und wollten ihre Enttäuschungen und Verletzungen endlich einmal in Ruhe aussprechen. Wir waren viele Stunden zusammen, haben geweint und gelacht, haben gemeinsam gebetet und gesungen. Jetzt überlegen wir, wie es in Zukunft weitergehen könnte.

Wie hat die Gruppe zusammengefunden?

Durch persönliche Kontakte. Es war auch ein Priester dabei, der sich sehr für die Ausgetretenen seiner Gemeinde engagiert. Er berichtete, wie wenig das Thema bei seinen priesterlichen Mitbrüdern auf Interesse stößt. Vielen seien die Ausgetretenen gleichgültig, sagte er. Das hat mich doch erschüttert. Denn für mich sind gerade sie eine Gruppe von Menschen, um die sich unsere Kirche in besonderer Weise kümmern müsste. Und die uns auch viel zu sagen hätten. Da gibt es nämlich manch neue, sehr hoffnungsvolle Entwicklungen. Gruppen, die sich schon in der Pandemie per Zoom privat getroffen haben, miteinander gebetet, die Heilige Schrift betrachtet, sich über Glaubensfragen ausgetauscht haben. Daraus entstanden mancherorts kleine Hausgemeinden, die sich nun auch weiter treffen. Insofern wächst da, wie eben schon gesagt, vielerorts etwas heran, wovon die offizielle Kirche aber vielerorts noch kaum etwas mitbekommt. Mich bestärken diese Entwicklungen. Sie machen mir Hoffnung, dass Kirche auch in Zukunft leben wird, eben nur anders, als wir uns das derzeit noch vorstellen.

Ist das nicht aber ein Armutszeugnis für die Kirche und ihre Amtsträger?

Ja, das ist es sicher. Doch gehört die Armseligkeit auch zum Menschsein. Wenn wir ehrlich sind, so sind wir alle in gewisser Hinsicht arm. Wir müssen nur zu unserer Armut stehen. So können wir in ihr auch manchmal einen ungeahnten Reichtum entdecken. Ich vermute, dass hinter dem scheinbaren Desinteresse vieler Priester an den Ausgetretenen auch eine große eigene Verunsicherung steckt, die allerdings verdrängt wird. Nicht wenige Kleriker sind durch den Missbrauchsskandal und die kritischen Anfragen an ihre Amtsführung und ihr Amtsverständnis in den letzten Jahren selbst in eine Krise geraten. Es wäre allerdings viel sinnvoller, offen und ehrlich mit der eigenen Unsicherheit, den eigenen Ängsten, Fragen und Zweifeln umzugehen. Dann könnte eine neue Art von Solidargemeinschaft zwischen den Gläubigen und ihren Priestern entstehen, die durchaus fruchtbar werden könnte.

Sind die verheerenden Austrittszahlen – über 500.000 im letzten Jahr – gegen den Strich gelesen zugleich ein Zeugnis, das von Glaubensintensität, -kraft und Sehnsucht spricht?

Viele Menschen, die jetzt gehen, haben im Grunde eine tiefe Sehnsucht nach einer glaubwürdigen Kirche, die die Botschaft des Evangeliums überzeugend vorlebt. Wir dürfen allerdings jetzt auch nicht der Gefahr erliegen, die ganze Kirche über einen Kamm zu scheren, und all ihren Amtsträgern die Glaubwürdigkeit pauschal absprechen. Ich sehe trotz allem immer noch sehr viel Gutes in der Kirche und kenne viele engagierte und überzeugende Seelsorger und Seelsorgerinnen. Es geschieht nach wie vor unendlich viel Gutes in und im Namen der Kirche. Der ganze Bereich der Caritas und der Diakonie zum Beispiel – dort sind ja Menschen tätig, die aus ihrem christlichen Glauben heraus leben und arbeiten und die die Werte, die uns die biblische Botschaft vermittelt, konkret in ihrem Alltag umsetzen wollen.

Und auch das dürfen wir nicht vergessen: Skandale hat es in der Kirche immer und zu allen Zeiten gegeben, eben weil die Kirche aus schwachen und sündigen Menschen besteht. Selbst Missbrauch und sexualisierte Gewalt und deren systematische Vertuschung gab es bereits in früheren Jahrhunderten, wie das aktuelle Buch von Ulrich Lehner SJ mit dem Titel *Inszenierte Gewalt* beweist. Nur hat die breite Öffentlichkeit seinerzeit davon nichts mitbekommen. Die Kirche ist und bleibt eine Gemeinschaft der Heiligen und der Sünder. Wir alle sind immer wieder auf die Vergebung und die Barmherzigkeit Gottes angewiesen. Ich erinnere mich noch gut an meine allererste Vorlesung im Fach Kirchengeschichte 1978 in Bonn. Professor Gabriel Adriányi begann diese damals mit den Worten: „Ein Skandal, welch ein Skandal!“ Der Skandal, den er meinte, waren die leiblichen Kinder des Renaissancepapstes Alexander VI. Nichts Neues also unter der Sonne, könnte man sagen. Wir müssen damit leben, dass die Kirche heilig und sündig zugleich ist und immer neu der Bekehrung bedarf.

Oder wenn man alte Klosterregeln liest und daran erkennt, dass wohl irgendetwas vorgefallen sein musste, sodass entsprechende Regeln eingeführt wurden.

Natürlich gab es auch in der Ordensgeschichte immer wieder Vorkommnisse, Entwicklungen und Skandale, die dem eigentlichen Anliegen des Christlichen und des Ordensideals zutiefst widersprochen haben. Dazu braucht man nur

Hubert Wolfs Buch *Die Nonnen von Sant' Ambrogio* zu lesen oder das von mir mitherausgegebene Buch *Selbstverlust und Gottentfremdung. Spiritueller Missbrauch an Frauen in der katholischen Kirche* – wir sprachen bereits darüber.

Die Geschichte und auch die Gegenwart sind also voll von Unrecht und Gewalt, sei es struktureller, sei es persönlicher Art. Ich bin darüber auch immer wieder zutiefst beschämt. Dennoch bleibe ich dabei, dass dies meinen persönlichen Glauben an Jesus Christus nicht zerstören kann. Es spornt mich vielmehr an, entschiedener zu leben, intensiver zu beten, mich ernsthafter zu engagieren und mich noch mehr für die Menschen einzusetzen, denen im Namen der Kirche Unrecht, Leid und Schmerz angetan wurde – sei es im Gebet oder sei es im aktiven Tun. Mein Verhältnis zu meiner Kirche ist immer wieder eine Gratwanderung, manchmal auch ein Spagat, der innerlich zerreißen kann. Ich habe es schon oft gesagt und wiederhole es auch hier: Ich liebe meine Kirche und ich leide zugleich an ihr. Wäre da nicht der Glaube an Christus, an dem ich mich immer wieder festmachen kann, wäre auch ich vielleicht schon verzweifelt.

Kann die Botschaft einem also auch Kraft gegen die Widrigkeiten geben?

Ganz sicher kann sie das und tut es auch immerfort. Man denke nur an die Botschaft der Barmherzigkeit und der verzeihenden Liebe Gottes. Gottes Barmherzigkeit gilt für alle, uneingeschränkt und ausnahmslos. Das ist meine feste Überzeugung. Natürlich müssen wir uns zuallererst den Opfern von Unrecht, Ausgrenzung und Gewalt zuwenden, ihnen jegliche Liebe und Zuwendung schenken und uns mit allen Kräften mühen, ihnen Recht und Gerechtigkeit zu verschaffen. Dann müssen wir uns den ungerechten Strukturen zuwenden und diese Schritt für Schritt zu verändern suchen. Und schließlich ist es irgendwann auch unsere Christenpflicht, den Täterinnen und Tätern zu helfen, sie mit ihrer Schuld nicht allein zu lassen und sie zu Einsicht und Umkehr zu bewegen. Wir dürfen sie nicht ausgrenzen, sondern müssen ihnen die Chance geben, umzukehren und neu zu beginnen.

Mich lässt dieses Thema nicht zur Ruhe kommen. Ich bin tatsächlich zutiefst der Überzeugung, dass die Barmherzigkeit Gottes für alle und für jeden gilt. Nur, wie man das dann konkret leben muss und kann, ist eben die Frage. Der heilige Benedikt hat in seiner Ordensregel, nach der wir ja auch heute noch leben, dem Abt bzw. der Äbtissin im Umgang mit sich Verfehlenden ins Stammbuch geschrieben: „Er/sie hasse das Böse und liebe die Brüder/Schwestern" (Benediktsregel 64, 11). Dieser Herausforderung müssen wir uns immer wieder stellen.

... und auch schauen, was an der Zeit ist. Jetzt ist schon der Moment, dass die Betroffenen im Vordergrund stehen.

Ja sicher, unbedingt. Viel zu lange sind die Betroffenen, die Opfer, nicht gesehen worden, galt Täterschutz vor Opferschutz, wog der Schutz der Institution Kirche mehr als der Schutz von Kindern, Jugendlichen und Frauen. Davon kannst du, Johanna, ja aus eigener Erfahrung leidvoll berichten.

Wenn ein junger Mensch in die real existierende Kirche kommt, was würdest du ihm sagen, warum es sich trotz allem lohnt, sich zu engagieren und dabei zu bleiben?

Ich würde ihn auf die Botschaft des Evangeliums hinweisen, die mein Leben trägt und von der ich überzeugt bin, dass sie jedes Leben tragen kann. Die Botschaft von Gottes bedingungsloser Liebe zu jedem einzelnen Menschen, die Botschaft der Barmherzigkeit, des Friedens, der Gerechtigkeit, die Botschaft von Freude und grenzenloser Hoffnung über den Tod hinaus. Diese Botschaft ist für mich zeitlos gültig und die Grundlage für jedes menschenwürdige Zusammenleben – im Kleinen wie im Großen, in der Familie, in Gemeinschaften, in Gruppen und in der Gesellschaft. Deshalb ist sie aller und jeder Mühe wert, auch und gerade in Zeiten, in denen die Kirche diese Botschaft eher verdunkelt als erhellt. Wir dürfen das Eigentliche und Primäre nicht mit dem Sekundären verwechseln. Die Botschaft der Bibel ist das Erste und Wesentliche. Gott sei Dank gibt es auch heute noch sehr viele Menschen, die diese Botschaft authentisch und glaubwürdig leben. Auch viele überzeugende Priester und Ordensleute. Natürlich gibt es auch viele schwarze Schafe und noch mehr Grautöne dazwischen. Und es gibt ungerechte und toxische Strukturen, die beseitigt werden müssen. Aber das alles hält mich nicht davon ab, an der Frohen Botschaft Jesu festzuhalten und diese weiterzugeben an alle suchenden Menschen, denen ich begegne, bei uns im Kloster oder anderswo. Gleichzeitig bestärkt es mich darin, nicht nachzulassen in meinem Engagement für eine andere, offenere und menschenfreundlichere Kirche. Ich möchte dabeibleiben und mithelfen, unsere Kirche von innen zu verändern. Und dazu möchte ich möglichst viele, vor allem auch junge Menschen, ermutigen.

Wir „Kompliz:innen" Jesu müssen Banden bilden – Burkhard

„Meine Hoffnung übersteigt alle Grenzen." Burkhard, wir sind sehr schnell zu diesem Titel für euer Buch gekommen. Ist Hoffnung der Kern deines Glaubens? Ist das letztlich, was Religion für dich ausmacht?

Zentral für meinen Glauben ist tatsächlich die Überzeugung, dass die Welt gut werden kann – selbst wenn vieles dagegen spricht. Es muss nicht so bleiben, wie es ist. Ohne diese Hoffnung auf Veränderbarkeit inmitten einer Realität, die voll ist von Aussichtslosigkeit, könnte ich nicht leben. Diese Perspektive finde ich in den alten Verheißungstexten der Bibel, etwa beim Propheten Jesaja, den wir in jeder Adventszeit hören. Gerade poetische Texte der Bibel, die ganz große Utopien in den Raum stellen, geben mir persönlich für die Gegenwart die Energie, mich für Veränderung einzusetzen. Dazu gehört für mich so ein Text wie Jesaja 11,6–8, der eine Friedensordnung mit Bildern aus der Tierwelt illustriert – so irreal sie erscheinen, so kraftvoll sind sie gleichzeitig: „Der Wolf findet Schutz beim Lamm, der Panther liegt beim Böcklein. Kalb und Löwe weiden zusammen, ein kleiner Junge leitet sie. Kuh und Bärin nähren sich zusammen, ihre Jungen liegen beieinander. Der Löwe frisst Stroh wie das Rind. Der Säugling spielt vor dem Schlupfloch der Natter und zur Höhle der Schlange streckt das Kind seine Hand aus". Meine Erfahrung ist, dass es gerade solche Texte sind, die auch unter jungen Menschen oder unter denen, die für sich keinen Zugang zur christlichen Tradition haben, anschlussfähig sind. Diese Hoffnung auf einen Wandel hin zum Guten, der sich nur sehr bedingt menschlich beeinflussen oder machen lässt, finde ich vor allem bei Jesus von Nazareth, der seine Bestimmung darin sah, das Reich Gottes in seiner Gegenwart konkret erfahrbar zu machen. In seinen Mählern hat er gezeigt und vorgelebt, wie es sein kann, wenn man sich in das Kraftfeld Gottes stellt: dass dann Unterschiede zwischen Menschen fallen, dass gesellschaftliche Rangordnungen auf den Kopf gestellt und dass auch die landläufigen Kategorien von Schuld aufgelöst werden. Noch einmal mein Lehrer Karlheinz Müller – er sagte einmal: „Reich Gottes meint, dass alle Konten ausgeglichen werden." Es fasziniert mich, dass Menschen dies laut dem Zeugnis der Evangelien in der Nähe Jesu erleben konnten. Und zwar eben nicht nur im Sinne einer fernen Utopie. Sondern ganz konkret. Der Glaube an die Gegenwart des Reiches Gottes war für die Menschen in Jesu Nähe mehr als eine Hoffnung auf eine vermeintlich bessere Zukunft. Dieser Glaube hat in der Gegenwart neue Realitäten geschaffen, für Heilung gesorgt, gesellschaftlich trennende Barrieren über den Haufen geworfen, Unterschiede zwischen Sündern und Frommen aufgehoben. Und so sind die biblischen Verheißungen Erzählungen, Bilder, die mir in meiner Gegenwart die Kraft zur Veränderung geben. Das geht über das hinaus, was ich mir selber zusagen kann.

Genau dies erfahre ich auch in der sonntäglichen Eucharistie. Im Gottesdienst sage ich oft mit Blick auf das gemeinsame Abendmahl, dass wir uns jetzt einreihen in Generationen von Menschen, die Brot und Wein weitergereicht haben. Wir stehen in dieser Tradition, die gewissermaßen die Verbindung zum Abendmahlstisch herstellt und zu all den Tischen, zu denen Jesus eingeladen und an denen er eine neue Gesellschaftsordnung praktiziert hat. Wir verbinden uns in der Eucharistie ja nicht etwa mit einem Altar, an dem Jesus in liturgischen Gewändern erhoben über seine Jünger gestanden hätte. Wir verbinden uns auch nicht nur mit dem sogenannten letzten Abendmahl am Vorabend seines Todes, sondern mit all den Tischen, die ihm den zweifelhaften und deshalb historisch wohl zuverlässig verbürgten Titel „Fresser und Säufer, ein Freund der Zöllner und Sünder“ (Lukas 7,34) einbrachten. Da war wirklich Platz für alle. Daran versuchen wir anzuknüpfen, wenn wir Gottesdienst feiern. Im besten Fall gelingt es dann, dass wir für einen Moment die Zeit anhalten und uns kurz außerhalb der Welt und ihrer Gesetzmäßigkeiten stellen. Eben das finde ich auch in konkreten Situationen oder Projekten. Es gibt bereits diese Andersorte, an denen Menschen das jetzt schon leben. Einer dieser Orte ist für mich ein Arbeitskreis der KHG, der nur selten öffentliche Aufmerksamkeit findet, weil er von außen betrachtet vielleicht wenig spektakulär erscheint. Bereits in den späten 60er Jahren des letzten Jahrhunderts begannen Studierende, sich in der Würzburger Hochschulgemeinde mit Menschen mit psychischen oder körperlichen Behinderungen zu treffen, um mit ihnen Freizeit zu verbringen. Das war zu dieser Zeit auch ein politisches Statement, weil Menschen mit Behinderungen häufig allenfalls betreut oder verwahrt wurden, nicht aber als Gegenüber wahrgenommen wurden. Heute ist das natürlich anders, und trotzdem schaffen auch in der Gegenwart die Teilnehmer:innen des Arbeitskreises neue Realitäten, die Auswirkungen auf die Gesellschaft haben. Vor einigen Semestern gründete sich aus einer der Gruppen des Arbeitskreises, der in der KHG den Namen „Von Mensch zu Mensch“ trägt, eine Gruppe junger Menschen mit Behinderungen, die sich gemeinsam mit Studierenden ehrenamtlich im benachbarten Altenheim engagieren. Dass Menschen mit Behinderungen nicht nur Hilfe empfangen, sondern selbst ehrenamtlich tätig sind – das ist immer noch für viel eine ungewohnte Vorstellung. Da verändert sich durch einen kleinen Andersort für mich Realität. Solche Andersorte zu entdecken und auch zu feiern, gibt mir tatsächlich Hoffnung.

Wenn Menschen dich so hören und lesen, dann ist das mit Sicherheit so ganz anders als das, was sie bislang vom kirchlich vermittelten Glauben kennen …

Vielleicht liegt das auch daran, dass ich auch innerlich mit bestimmten Erscheinungsweisen der Institution gebrochen oder mich von ihnen befreit habe. Mit vielen anderen bin ich aus dieser Art von Kirche, in der ich mich nicht mehr zu Hause fühle, längst ausgezogen, weil sie weder mit Gott und Jesus noch mit uns wirklich etwas zu tun hat. Eine bestimmte Erscheinungsweise von Kirche wird definitiv untergehen oder höchstens als Sekte erhalten bleiben – das ist unumkehrbar. Da haben wir vermutlich auch bereits den Kipppunkt überschritten. Natürlich geht für mich persönlich wie für viele andere Menschen damit auch etwas verloren. Ich denke ja selber mit etwas Wehmut an manche Dinge aus den volkskirchlichen Zeiten zurück, an die Selbstverständlichkeit, mit der ich als Kind im Frühling jeden Abend zur Maiandacht gegangen bin oder im Oktober mit anderen Jugendlichen den Rosenkranz gebetet habe. Das war für mich damals nicht falsch und das ist es auch nicht in der Rückschau. Darin bin ich schließlich großgeworden und habe auch viele positive Erfahrungen gemacht, weil es eine Zugehörigkeit und eine wirkliche Verbundenheit in diesen Formen gab. Und natürlich gibt es auch Fragen wie: Halte ich das aus, diesen Untergang mitzuerleben und gerade auch als Priester ein Teil davon zu sein? Und was wird aus so einem Ort wie der Hochschulgemeinde? Auch existenziell: Was mache ich persönlich, wenn meine Zeit bei der KHG irgendwann vorbei ist? Aber noch einmal: Kirche und Reich Gottes waren nie deckungsgleich. Auch wenn die jetzige Form von Kirche vergeht, hört Gott längst nicht auf, in dieser Welt zu sein.

Wenn wir noch kurz bei der Kirche bleiben: Es gibt ja derzeit durchaus Reformbestrebungen auf unterschiedlichen Ebenen: Synodaler Weg, Bischofssynode zur Synodalität … Was traust du diesen Prozessen zu?

Ich werde mir einen Rest Hoffnung bewahren. Aber eigentlich erwarte ich keine wirkliche Erneuerung der offiziellen Lehre, schon gar nicht von der Hierarchie und aus dem System heraus. Allein dieses katholische Paradigma, dass die Lehre in ihren Grundfesten nicht veränderbar sein soll, dass es keine Brüche geben darf, sondern dass sich alles harmonisch aus dem Vorigen entwickelt … Demnach müsste man bei jedem Reformthema nachweisen, dass es das schon einmal in der Geschichte der Kirche gegeben hat. Wie absurd ist das denn!? So kommen wir vermutlich nie zum Ämterzugang für alle Geschlechter. Wenn wir dasselbe Prinzip bei technischen Entwicklungen anwenden würden, wonach alles schonmal da gewesen sein muss und erst dadurch seine Berechtigung erfährt, hätten wir heute noch kein Telefon. Nein, wir müssen in der Kirche den Mut haben, klar zu benennen, dass wir jetzt eben genau diesen Bruch brauchen. Die Gegenwart ist doch Anlass genug dafür!

Aber diese Haltung sehe ich schon bei den meisten deutschen Bischöfen nicht. Während des Synodalen Wegs konnte man noch den Eindruck gewinnen, dass die reformoffeneren Bischöfe sich zusammentun und versuchen, etwas zu bewirken. Aber spätestens nach dem Ad-Limina-Besuch im Herbst 2022 im Vatikan war klar: Da ist wohl kaum einer bereit, sich in Rom in Konflikte hineinzubegeben. Man merkt gar nicht mehr, dass diese Menschen für irgendetwas einstehen oder gar kämpfen wollen. Vermutlich hat die Journalistin Christiane Florin doch recht, wenn sie immer wieder darauf hinweist: In diesen Momenten ist einfach zu viel Dankbarkeit im Raum für den Posten, den man bekommen hat. Das bindet oder lähmt …

Und auch Papst Franziskus hat ja mehrfach klargemacht, dass er an der Lehre nicht wirklich etwas ändern will. Sein Kurs steht für Barmherzigkeit, er sucht die sprichwörtlichen pastoralen Lösungen, ohne an den entscheidenden Punkten etwas an der Lehre zu ändern. Er spricht dann freundlich über Frauen oder auch über queere Menschen und er wendet sich den Einzelnen authentisch liebevoll zu und verlangt das auch von anderen. Aber genau diese Haltung verstärkt ja sogar oft diskriminierende Dynamiken, solange sich nichts an der Lehre ändert. Wir brauchen nicht nur Barmherzigkeit, sondern in mindestens gleichem Maß Gerechtigkeit.

Das mag jetzt wenig zuversichtlich klingen. So wenig ich einen Reformwillen „von oben“, also aus der Kirchenhierarchie erwarte, so sehr rechne ich allerdings mit einer Eigendynamik, die sich in einem guten Sinne unkontrollierbar „von unten“ in Gang setzt und so Veränderungen bewirkt. Ich denke nur an die Erfahrungen, die ich in den Tagen nach dem ersten öffentlichen Auftreten von #OutIn Church gemacht habe. Für einige Tage konnte man den Eindruck gewinnen, die Bischöfe hätten die Kontrolle verloren. Eine Bewegung „von unten“, gerade mal 125 Menschen, die sich als queere Katholik:innen in der Kampagne und dem begleitenden Film „Wie Gott uns schuf“ zeigten, haben für eine Welle an Verbundenheit und für so etwas wie ein alternatives Kirchenbewusstsein gesorgt. Unseren Slogan „Für eine Kirche ohne Angst“ hörte man nach zwei Tagen dann auch aus dem Mund der Bischöfe. Sie mussten sich dem anschließen, weil neue Realitäten entstanden waren – und das ganz explizit ohne ihr Zutun. Das Sprechen der Mehrzahl der Bischöfe in Deutschland über queere Menschen hat sich verändert, weil für die alte Diskriminierung unter der Mehrheit der Gläubigen keine Akzeptanz mehr besteht. Nun sind die deutschen Bischöfe in der paradoxen Situation, dass sie sich dieser neuen Haltung angeschlossen haben, sogar das Dienstrecht verändert haben und gleichzeitig einer römischen Lehre verpflichtet sind, die queere Menschen unvermindert diskriminiert.

Was ich mit diesem Beispiel sagen will: Ich traue den augenblicklichen Prozessen wie dem „Synodalen Weg“ sehr viel zu, aber nicht im Sinn einer harmonischen oder linear verlaufenden Veränderung. Ich erwarte eher, dass an unterschiedlichen Stellen an der Basis Fakten geschaffen werden, die dann im Nachhinein sozusagen lehramtlich eingeholt werden. Der Tag ist nicht mehr fern und an manchen Orten ist er schon da, an dem Menschen selbstbewusst anfangen, Eucharistie zu feiern, und dabei nicht darauf warten, bis ein geweihter Mann von irgendwoher eingeflogen wird. Und wenn das immer mehr Menschen tun, verändert sich dadurch dann auch die Lehre und die Struktur der Kirche. Das ist der Weg, auf dem ich mir Veränderung erwarte und auch erhoffe.

Kannst du als Priester eine andere Art von Kirche verkörpern? Oder müsstest du nicht konsequenterweise das System verlassen, wie es so viele derzeit tun?

Ich lebe in einem täglichen Dilemma: Auf der einen Seite stütze ich durch mein Bleiben das bestehende System. Auf der anderen Seite weiß ich: Wenn ich gehe, wird dadurch das System nicht besser, sondern es verbleibt in dem alten Zustand. Für den jetzigen Augenblick zumindest hoffe ich, dass ich durch mein Bleiben das System weniger stabilisiere, als es zu verändern. Meine Überzeugung ist: Wenn ich weiter dabei bin und bewusst auch meine mir zugeschriebene Rolle als Priester nutze, um zur Transformation beizutragen, kann ich zusammen mit anderen wirksam sein. Gerade als schwuler Priester bekomme ich ja aus sehr unterschiedlichen Richtungen immer wieder die Aufforderung zu hören, ich solle doch mein Priesteramt niederlegen und das System verlassen. Die einen fordern mich dazu auf, weil ich in ihren Augen aufgrund meiner Homosexualität nicht fähig und auch nicht berechtigt bin, Priester zu sein. Die anderen erwarten das von mir, weil sie es für unglaubwürdig halten, dass ich in einem System verbleibe und es repräsentiere, das mich doch ablehnt. Letztlich steht dahinter die gleiche diskriminierende Logik, die mir nahelegt, ich müsse verschwinden – und das System Kirche bleibt, wie es ist. Ich sage immer wieder: Nicht ich muss abhauen, sondern die Verhältnisse müssen sich ändern. Und das aus gutem Grund: Ich weiß die Botschaft Jesu in dieser Hinsicht auf meiner Seite. Hinzu kommt: Ich nutze ja auch die Möglichkeiten, die mir das System gibt, um sinnvoll zu arbeiten. Durch Orte wie die Hochschulgemeinde haben junge Menschen die Gelegenheit, sich selbst zu finden und auf ihrem Lebensweg gestärkt zu werden. Was für mich aber klar ist:

Ich möchte nicht durch die tolle Arbeit in der KHG die Verbrechen und Ungerechtigkeiten in der Kirche relativieren. Die Gefahr ist ja groß, dass man das gegeneinander aufrechnet oder sich das persönlich so zurechtlegt im Sinne von: Ich rege mich wahnsinnig auf über die Kirche, aber in meinem Bereich geht es mir gut. Eine Kollegin hat vor einiger Zeit davon gesprochen, dass sie für sich angefangen hat, dieses „aber" durch ein „und" zu ersetzen. Dann würde man also sagen: Ich finde vieles in der Kirche menschenverachtend UND ich arbeite wahnsinnig gern in der KHG. Ich mag mich dieser Formulierung anschließen, weil sie keine Seite relativiert, sondern beides nebeneinander stehenlässt.

Die real existierende Kirche ist das eine. Aber auch im kirchlich vermittelten Glauben gibt es so viele Dinge, bei denen Menschen heute nicht mehr „mitgehen" können. Das fängt schon bei der Person Jesu an …

Auch da bin ich sehr von der historisch-kritischen Beschäftigung mit der Bibel geprägt. Ich orientiere mich am irdischen Jesus von Nazareth, dem ich mich nahe fühlen kann und den ich vom geglaubten Christus unterscheide. Jesu Rede vom Reich Gottes, dieser neuen Weltordnung im Kraftfeld Gottes, das ist etwas, woraus ich stark lebe. Eine Schlüsselstelle ist für mich Markus 1,15: „Die Zeit ist erfüllt, das Reich Gottes ist nahe. Kehrt um und glaubt an das Evangelium!" Dieses „Kehrt um" – im griechischen Original steht da „*metanoeite*" – meint eigentlich eher ein grundlegendes Umdenken, Anders-Denken, die Welt auf den Kopf stellen. Man könnte auch von einem Paradigmenwechsel sprechen, der sich mit der Reich-Gottes-Botschaft verbindet. Dieses Subversive, Kritische und gleichzeitig radikal Mitmenschliche, verankert im Glauben an Gott – das ist für mich mit der Person Jesu verbunden und so ist er für mich eine maßgebliche Bezugsgröße. Ich finde, dass die Perspektive Jesu oft herkömmliche Sehgewohnheiten unterbricht: Menschen anders anzusehen, als sie die Gesellschaft anschaut, als sie zum Beispiel die Mächtigen ansehen ... Und auch die Mächtigen selbst anders anzuschauen, als sie sich selber sehen. Und eben auch in der Welt mit anderen Möglichkeiten zu rechnen. All das macht für mich Spiritualität in der Nachfolge Jesu aus. Diese Art von Spiritualität und Glaube ist für mich durchaus anschlussfähig in der gegenwärtigen Gesellschaft.

Theologie und Kirche haben sich aber zu ganz anderen Formulierungen hinreißen lassen: Sie beschreiben Jesus Christus als „aus dem Vater geboren vor aller Zeit“. „Gott von Gott, Licht vom Licht, wahrer Gott vom wahren Gott, gezeugt, nicht geschaffen, eines Wesens mit dem Vater; durch ihn ist alles geschaffen“, heißt es etwa im sogenannten Großen Glaubensbekenntnis ...

Da habe ich als Bibliker natürlich eine andere, eine sehr historische Sicht. Ich weiß, wie Titulaturen entstanden sind. Wenn vom Menschensohn und dem „*christos*“ die Rede ist, dann finde ich die Beschäftigung mit der Entstehungsgeschichte dieser Titel durchaus spannend. Menschen haben auf solche Begriffe und Vorstellungen zurückgegriffen, um auszusagen, wer dieser Jesus für sie in den Vorstellungskategorien ihrer Zeit ist. Ich kann die sprachlichen Bilder und Vorstellungen nicht aus ihren zeitgebundenen Kontexten herauslösen. Es gibt keine kontextlose oder überzeitliche Wahrheit. Inkarnationstheologie ist mir in dieser Hinsicht so wichtig, weil sie die absolute Weltverbundenheit Gottes zum Ausdruck bringt. Deutlicher geht es gar nicht.

Also die Idee, dass Gott Mensch wird, weil er sich nicht von der Welt und von konkreten Menschen trennen lässt, bedeutet mir sehr viel. Dazu gehört aber auch, zeitbedingte mythologische Vorstellungen und Redeweisen etwa vom Gottessohn oder der Jungfrauengeburt als solche einzuordnen und zu dekodieren. Für mich sind diese Bilder, die ja zu ihrer Zeit modern und zeitgemäß, also verständlich waren, eine Ermutigung, den christlichen Glauben für die jeweilige Generation neu auszusagen – und das nicht nur in der Sprache, sondern bis hinein in eine Veränderung der Lehre. In meiner Kindheit und auch noch bis in meine Jugend hinein war die Rockoper „Jesus Christ Superstar" genauso anziehend wie in traditionellen kirchlichen Kreisen umstritten. Dabei war der Begriff „Superstar" nichts anderes als eine zeitgemäße Titulatur für Jesus, so wie es zur Zeit unserer biblischen Texte der Titel „Gottessohn" oder „Sohn der Jungfrau" war. Wer dagegen heute noch im Sinne eines naturwissenschaftlichen Faktums von Jungfrauengeburt spricht, tut den Texten Gewalt an und trägt dazu bei, den Glauben in den Augen heutiger Menschen unzugänglich, ja sogar lächerlich zu machen.

Nach der Dreifaltigkeit beziehungsweise Dreieinigkeit brauche ich dich dann gar nicht fragen, oder?

Auch da gilt: Ich kann mich immer daran erfreuen, dass Menschen einmal auf so ein Sprachbild gekommen sind. Aber ich halte es für wichtig, um den Sinn hinter dem sprachlichen Bild zu erschließen, das Bild selber zu entschlüsseln, so wie ich mir auch ein Bild der Kunst entschlüssele. Im Einführungsseminar in die Methoden der historisch-kritischen Exegese, das ich während meiner Zeit als Assistent am Biblischen Institut in jedem Semester gegeben habe, habe ich den Studierenden zu Beginn immer ein Bild vom Isenheimer Altar gezeigt, also diesem großartigen Altarbild der Kreuzigung Jesu von Matthias Grünewald. Darauf steht ja – völlig unhistorisch – Johannes der Täufer unter dem Kreuz, der Körper Jesu ist zudem von Pestbeulen gezeichnet ... Ich habe dann immer die Frage gestellt, ob Grünewald mit dieser Darstellung lügt. Denn weder war Johannes der Täufer bei der Kreuzigung dabei, noch ist Jesus an der Pest gestorben. Natürlich sind die Studierenden jeweils schnell zu der Erkenntnis gekommen, dass Grünewald selbstverständlich nicht lügt, sondern dass er eine bestimmte Botschaft hat, die er in seine Zeit hinein in einem ganz konkreten Kontext und mit den Ausdrucksformen, die ihm zur Verfügung standen, vermitteln wollte. Das Bild war ja ursprünglich für ein Siechhaus, also eine Art Krankenhaus bestimmt. Die Kranken blickten also auf einen Jesus, der ihr Schicksal teilte. So vermittelte das Bild ganz konkret Trost und einen Jesus, der im Leiden nahe und solidarisch ist. Und so wie auf diesem Gemälde ist es auch mit der Wahrheit in biblischen Texten und in theologischen Aussagen. Ich kann solche Vorstellungen wie Trinität wie ein Gemälde anschauen und ja, auch bewundern. Ich kann auch sagen, dass sie eine Wahrheit transportieren. Aber wenn ich gewissermaßen die Faktizität oder gar Historizität dieser Bilder annehmen soll, werde ich ihnen nicht gerecht. Biblische Texte sind keine historischen Mitschriften und sie wollen es auch gar nicht sein. Genauso wenig wie ein Gemälde den Anspruch erhebt, ein Foto zu sein. Gleiches gilt für jede Glaubensaussage wie etwa die Dreifaltigkeit. Einen heutigen Zugang zu dieser alten Glaubensaussage habe ich für mich übrigens durch eine Gruppe von Architekt:innen erhalten, die unweit des Hubland-Campus in Würzburg zunächst für die Landesgartenschau einen Raum der Stille und des Rückzugs entworfen haben. Ausgerechnet die Architekt:innen gaben diesem Gebäude den Namen „Trinitatis", was ich erst mal ziemlich irritierend fand. Sie taten dies zum einen, weil das Grundstück, das ihnen dafür zur Verfügung stand, dreieckig war. Zum anderen hatten sie sich dazu entschlossen, dem zeltförmigen Bau eine spiegelnde Oberfläche zu geben, in der sich einerseits die Menschen mitsehen können, die direkt vor diesem Bau stehen, in der sich andererseits aber auch der Himmel spiegelt. Schließlich ist die Spitze des Zeltbaus nach oben geöffnet, angelehnt an die Öffnung des Pantheon in Rom, so dass Licht, Regen und Wind den Raum immer wieder verwandeln. Bei einem Gespräch zwischen den Architekt:innen und Theolog:innen habe ich über ihre Erklärungen entdeckt, wie zeitgemäß und bescheiden vielleicht auch die Vorstellung der Dreifaltigkeit immer noch ausgesagt werden kann.

Wie sprichst oder betest du eigentlich zu Gott? Wen redest du an: Gott? Den Vater? Den „Herrn"? Jesus …?

Wenn ich die Aufgabe habe, in unseren Gottesdiensten Gebete zu formulieren, dann spreche ich meistens Gott an – oder Jesus als Bruder. In meinem eigenen Beten spielt die persönliche Anrede aber immer weniger eine Rolle. Das hat sich in den letzten Jahren auch noch einmal verändert: Die traditionelle, männlich dominierte Form, über Gott zu reden, ist mir persönlich heute immer weniger möglich. Ich bin jeden Tag neu auf der Suche nach der richtigen Sprache. Wir Menschen sind auf Bilder und Vorstellungen angewiesen; das liegt in unserer Natur. Und auch das biblisch-semitische Denken ist immer ziemlich konkret, gerade nicht gegenstandslos. Ich halte es aber für wichtig, dass wir in der KHG in unseren Gottesdiensten herkömmliche Sprachformen und Vorstellungen immer wieder unterbrechen und etwa bewusste Irritationen einbauen und uns zum Beispiel bemühen, eine nicht männlich-dominierte Sprache zu verwenden. Für meine eigene Spiritualität kann ich der nichtpersonalen Gottesrede, wie sie etwa Willigis Jäger geprägt hat, einiges abgewinnen. Da geht es um das Betreten des Raums der Stille oder um die Vorstellung, dass ich mich in der Gegenwart Gottes niederlasse, ohne damit die Vorstellung von einer Person, der ich gegenübersitze, zu verbinden.

Lass uns noch über die Eschatologie reden, über die sogenannten letzten Dinge. Auch da gibt die Kirche vor, sie wisse ganz genau, was da kommt. Und für viele ist der Glaube an ein Leben nach dem Tod sogar das Entscheidende am Christentum. Wie geht es dir damit?

Ich bin sehr zurückhaltend, was meine Vorstellungen über das Leben nach dem Tod angeht. Teilweise finde ich es regelrecht absurd, wenn Christ:innen mit anscheinend absoluter Gewissheit davon reden, dass Menschen, die tot sind, trotzdem immer noch da sind. Diese Vorstellungen bleiben immer eine Konstruktion, die im besten Fall dazu beiträgt, die schwierigsten Momente im Leben zu bewältigen und dem Unvorstellbaren einen sprachlichen Ausdruck zu verleihen. Und ich kann sie auch wiedergeben und mich darin aufhalten, wenn ich merke, dass sie eine gute, stärkende Funktion haben. Sie machen aber nicht wirklich meine Substanz aus.

Ich bin in meiner eigenen Vorstellung vom Tod und davon, wie es nach dem Tod weitergeht, wie jeder andere Mensch geprägt durch persönliche Erfahrungen, die ich zum Beispiel mit Sterbenden gemacht habe. Eine sehr nahe Freundin ist vor einigen Jahren an Lungenkrebs gestorben. Und ich finde immer noch keinen wirklichen Trost, wenn ich mir sage, dass sie jetzt gut aufgehoben ist. Ich kann mir sagen, dass seither Zeit vergangen ist, dass ich mit dem Faktum lebe, dass sie nicht mehr da ist ... Und ich kann mir sagen, wie wertvoll es war, dass wir diese Freundschaft hatten. An die Stelle von Trauer und Schmerz tritt immer mehr die Dankbarkeit. Auf der anderen Seite hat mich meine Begegnung mit dem Judentum geprägt. Gerade im orthodoxen Judentum ist mit dem Tod auch wirklich etwas abgeschnitten: Der Mensch ist nicht mehr da. Das gilt es ehrlich anzuerkennen und damit weiterzuleben. Das illustriert für mich eine Begegnung mit David Schuster, dem langjährigen Vorsitzenden der jüdischen Gemeinde in Würzburg und Vater des heutigen Zentralratspräsidenten Josef Schuster. Im Rahmen einer Veranstaltung, bei der David Schuster geehrt wurde, ereignete sich Folgendes: Kurz zuvor war seine Frau gestorben, und einer der Redner wollte besonderes Mitgefühl zeigen und sagte entsprechend seiner herkömmlichen christlichen Vorstellungen: „Wir wissen, dass auch ihre Frau heute hier ist und diesen Tag mit uns feiert ..." Nach der Rede kam David Schuster auf Professor Müller, den er sehr gut kannte, und mich zu und sagte: „Weiß der denn nicht, dass meine Frau tot ist?" Für ihn und seine jüdisch geprägte Vorstellung war diese Art, über einen toten Menschen zu reden, so fremd, dass er sie gar nicht entschlüsseln konnte. Für mich war das eine wichtige Erfahrung. Ich bin von daher sehr vorsichtig geworden in meinem Sprechen über den Tod und über das, was danach kommen könnte.

Zugleich, und auch wenn es ein gewisser Widerspruch ist, fühle ich mich in meinem Glauben dennoch in einem größeren Ordnungssystem gehalten. Es gibt da schon so etwas wie den Glauben und die Hoffnung, dass ich auch nach diesem Leben nicht vollkommen aus dieser Ordnung herausfallen werde.

Das ist ein wunderbares Grund- oder Urvertrauen! Vielleicht gelangt man ja dazu, wenn wir all das aussortieren, was sich im Lauf der Geschichte um den Kern des christlichen Glaubens angelagert hat. Was ist aus deiner Sicht und mit deinen Worten das Zentrale, das Entscheidende?

Vielleicht ist es der Weg Jesu, seine Methode, in der Welt unterwegs zu sein. Er hatte ein kritisches Verhältnis zu festen Glaubens-Gebäuden, zu tatsächlichen Gebäuden wie etwa dem Tempel in Jerusalem und den damit verbundenen Institutionen. Er war bescheiden, auf der Straße, und rechnete damit, dass in Begegnungen etwas Neues aufgehen kann. Er wollte von denen etwas über Gott lernen, die eben nicht das Sagen hatten. Ich merke, dass ich genau so unterwegs sein will. Ich will versuchen, mich in meinem Alltag mit dieser Art Jesu, den Menschen zu begegnen, zu verbinden. Ich will mich auch weiterhin verbinden mit seinen Mählern, die er gefeiert hat und bei denen Menschen so wichtige Erfahrungen der Zugehörigkeit und des Angenommenseins machen konnten. Ich will weiterhin mit der Eucharistie das Brot Jesu sozusagen ins Heute weiterreichen und mich daran festhalten. Deshalb glaube ich auch nicht, dass ich irgendwann mal aufhören möchte, Brot und Wein zu teilen. Aber entscheidend ist, dem zu trauen, was sich auf der Straße – unterwegs, in der Begegnung – ergibt. Das erlebe ich zum Beispiel hier im Team der KHG, bei meinem Engagement für #OutInChurch und auch bei einem kirchlichen Projekt in dem neuen Würzburger Stadtteil Hubland, wo wir einfach präsent sind und schauen, was uns begegnet an einem Ort, an dem zunächst einmal niemand uns als Kirche braucht oder vermisst. Was mir darüber hinaus wichtig geworden ist: Das Christentum war immer eine Sammlungsbewegung, und das ist es bis heute. Ich kann mir nicht vorstellen, alleine zu glauben oder mein Christsein ohne Verbundenheit mit einer Gemeinschaft zu leben. Positiv stimmt mich, dass ich derzeit vielerorts neue Verbündete finde. Wenn man so will, ist das eine Seite von Kirche, die wächst. Noch besser gefällt mir eine Formulierung, die Christian Bauer, Pastoraltheologe in Münster, geprägt hat. Er spricht von so etwas wie „Komplizenschaft“ im positiven Sinne. Daran angelehnt sagen wir uns gegenseitig mit einem gewissen Augenzwinkern immer wieder zu: „Wir müssen Banden bilden.“ Das ist positiv gemeint, es ist mutig und gleichzeitig hat es etwas Subversives. Ein bisschen wie Jesus eben. Dem kann ich viel abgewinnen.

Binde deinen Karren an einen Stern – Gemeinsam neue Hoffnung schöpfen

Der Kreis schließt sich. Zum Ende unseres Gesprächs kommen wir wieder zusammen. Gemeinsam werfen Sr. Philippa und Burkhard einen Blick in die Zukunft. Sie legen dar, warum sie nicht in die verbreitete Rede von Krise und Verfall einstimmen, sondern im Gegenteil voller Hoffnung nach vorne schauen. Es gibt innerhalb und außerhalb der Kirche durchaus neue Aufbrüche, überraschende Gemeinschaftsformen und Verbindungen – neue Keimzellen der Hoffnung.

***

Sr. Philippa und Burkhard, zu Beginn gefragt: Woraus speist sich eure Hoffnung?

Burkhard: Ich bin ja von meiner Biografie her ein äußerst biblisch und auch bibelhistorisch geprägter Mensch. Die biblischen Texte sind ja zu einem Großteil sehr stark von einer apokalyptischen Weltsicht geprägt, das heißt: von dem Bewusstsein der Autorinnen und Autoren, sich sozusagen in einer Schwellensituation oder in einer „Zeitenwende" zu befinden. Dieses Lebensgefühl prägte auch Jesus von Nazareth. Seine Rede vom „Reich Gottes" erwartet mitten in der Krise eine unkontrollierte und unkontrollierbare Wendung zum Guten hin. Er transportiert diese optimistische Weltsicht zunächst in kleinen Geschichten, den Gleichnissen, die sozusagen subversiv vom Aufkeimen der Saat berichten. Das Senfkorn-Gleichnis (Markus 4,30–32 par.) erzählt vom unerwarteten Großwerden einer Saat, der man nichts zutraut. Die Wachstumsgleichnisse (vgl. auch Markus 4,26–29) unterlaufen das institutionelle bzw. das kontrollierende Denken. Das ist eine spirituelle Haltung, aus der sich auch meine Hoffnung speist. Ich muss dabei auch an ein Interview mit dem israelischen Historiker Yuval Harari denken, das ich zu Beginn des Gazakrieges gesehen habe. Er sagte aus einer rein wissenschaftlichen Perspektive, dass die wesentlichen Veränderungen in der Geschichte oft unerwartet kamen. Und er meint, dass Israelis und Palästinenser im Moment – weil sie so im Schmerz gefangen sind – gar nicht in der Lage sind, eine Vorstellung von einem gemeinsamen friedlichen Zusammenleben zu entwickeln. Aber es braucht Menschen, die sozusagen stellvertretend für andere die Räume für diese Hoffnung und für die Vorstellung von einem Leben in Frieden offenhalten. Die spirituelle Lesart lautet für mich: Ich versuche, für mich und auch für andere diese Räume offenzuhalten, dass es eine gute Zukunft geben kann.

Sr. Philippa, du hast im Kloster einen sehr getakteten Alltag sowie viele traditionelle Elemente und Begrifflichkeiten. Das bildet eine gewisse Spannung zum weiten Sinne, von dem Burkhard spricht, oder?

Sr. Philippa: Das eine schließt das andere für mich ganz und gar nicht aus. Ich bin überzeugt, dass es immer und gerade heute Menschen braucht, die Räume der Hoffnung offenhalten, auch stellvertretend für andere. Für mich ist die ganze biblische Botschaft eine einzige Hoffnungsbotschaft, voller Hoffnungsgeschichten und voller Hoffnungsgestalten. Jesus verkörpert diese Hoffnung wie kein anderer und ist einer, der – wie du, Burkhard, es eben beschrieben hast – immer wieder Grenzen überschreitet und neue Horizonte eröffnet. Mir hilft das getaktete, das strukturierte, das rhythmisierte Leben, mich immer neu auf diese Botschaft zu besinnen. Sie nicht zu vergessen in den Anforderungen und dem Trubel des Alltags. Gerade das ist die Herausforderung im Kloster, dass wir, wenn die Glocke läutet, alles andere erst einmal liegen lassen und zum Gebet gehen. Also immer wieder Gott Raum geben in unserem Leben. Vieles andere ergibt sich dann von selbst. Mir kommen oft die besten Ideen beim Chorgebet, vor allem abends in der Komplet und in den Vigilien. Dann bleibe ich bei einem Psalmvers hängen, den ich seit vielen Jahren immer wieder bete, der jetzt aber genau in meine aktuelle Lebenssituation oder die Situation unserer Kirche hineinspricht, der offene Fragen klärt oder zumindest zu einer Klärung beiträgt und der mich in die ein oder andere Richtung inspiriert.

Da habe ich von Burkhard im Ohr: Ich begebe mich in die Präsenz Gottes.

Sr. Philippa: Genau so. Unser durch fünf gemeinsame Gebetszeiten am Tag geprägtes Leben will ja gerade nichts anderes als ein Leben in der Gegenwart, in der Präsenz Gottes ermöglichen und uns die Chance geben, uns immer neu auf ihn auszurichten. Dieses immer neue Ausrichten ist für mich die entscheidende Kraftquelle meiner Hoffnung. Wenn er, der „Ich-bin-da", nicht da wäre, und zwar überall und in allem, was ich erlebe, was mir widerfährt und begegnet, dann hätte ich diese Hoffnung nicht. Das ist der Urgrund all dessen, was ich erfahre und weitergeben möchte. Ich glaube deshalb, dass es tatsächlich schwierig ist für Menschen, die keinerlei Bezug zu Gott oder zur Transzendenz im Allgemeinen haben, Hoffnung zu generieren. Ich fürchte, dass die weit verbreitete Hoffnungslosigkeit und Resignation unserer Zeit auch mit diesem schwindenden Bewusstsein und Glauben zusammenhängt, dass es einen Gott gibt, dass dieser Gott wirklich da ist, dass er alles in der Hand hält, dass er der Schöpfer, Erlöser und Vollender all dessen ist, was wir erleben und – ja, auch erleiden. Ich denke oft darüber nach, wie ich einem Nichtgläubigen diese Perspektive eröffnen kann. Hast du, Burkhard, ein „Rezept" oder besser einen Weg gefunden, wie wir Menschen, die ja heute zum Teil überhaupt nichts mehr mit dem Begriff, geschweige denn mit der Wirklichkeit Gottes, mit Christus, anfangen können, Hoffnung vermitteln können – außer dadurch, dass wir ihnen Hoffnungsexistenz konkret vorleben?

Burkhard: Ein Rezept nicht. Vielleicht eher ein Vorantasten auf einem Weg. Wir haben ja hier in der KHG ziemlich viel Kontakt mit jungen Leuten, die sich in der *Letzten Ge-*

neration oder bei *Fridays for Future* engagieren. Zu Jahresbeginn habe ich bei einer Veranstaltung einen Sprecher von *Fridays for Future* Deutschland erlebt, der mich beeindruckt hat. Er hat über den weltweiten Zusammenhang von Klima und Gesundheit gesprochen und der Vortrag hatte etwas sehr positiv Motivierendes, obwohl die Fakten zum Klimawandel, von denen er sprach, einen eher verzweifeln lassen könnten. Ich erlebe junge Leute, die für mich das verkörpern, was Václav Havel einmal in diesem recht bekannten Zitat zum Ausdruck brachte: „Hoffnung ist nicht die Überzeugung, dass etwas gut ausgeht, sondern die Gewissheit, dass etwas Sinn hat, egal wie es ausgeht." Das ist eine Haltung, an der ich auch anknüpfen kann.

Ein zweiter tastender Ansatz: Ich habe in den letzten Jahren immer wieder mit Menschen Kontakt gehabt, die in der Achtsamkeitslehre verwurzelt sind und die sich darauf fokussieren, bewusst in der Gegenwart zu leben. Die Erlösung liegt also nicht in der Hoffnung auf eine bessere Zukunft, sondern auf einem bewussten Leben in der Präsenz.

Sr. Philippa: Die dann aber eben nicht, wie wir es verstehen, die Präsenz Gottes ist, sondern einfach und radikal zugleich die Gegenwart als solches, das Hier und Jetzt.

Burkhard: Die daraus aber auch eine Kraft schöpfen, weil sie sagen: Die Gedanken, die in die Vergangenheit gehen, die sind immer mit einer Traurigkeit verbunden. Und sobald sich Gedanken in die ungewisse Zukunft richten, sind sie mit Angst verbunden. Deshalb streben sie an, möglichst in der Gegenwart zu leben. Und da sehe ich schon auch wieder Verbindung zur Reich-Gottes-Botschaft, so wie sie Jesus mit Leben gefüllt hat.

Sr. Philippa: Das von dir zitierte Wort von Václav Havel ist auch mir sehr vertraut und ich kann auch etwas damit anfangen, allerdings am Ende leider doch nur begrenzt, weil ich überzeugt bin, dass jede Sinnsuche ohne den Glauben an einen letzten Sinn nicht funktioniert. Ich denke da an Viktor Frankl, dessen Lebensthema ja der Sinn war, der die sinnzentrierte Psychotherapie begründet und einmal gesagt hat: Vor dem Hintergrund dessen, dass es einen Schöpfergott gibt, der um den letzten Sinn weiß, ist es meine Aufgabe, dem, was ich tue, was ich erlebe oder auch erleide, einen Sinn zu geben, manchmal auch abzuringen. Es kann und darf nicht nur als sinnvoll betrachtet werden, dass sich etwas ereignet, was wir gerne hätten und uns erhoffen. Die Herausforderung ist vielmehr, auch einer völlig anderen Entwicklung, einem ganz anderen Erleben, einen Sinn geben zu können. Weil wir wissen, dass es einen gibt, der diesen Sinn kennt. In diesem Sinne ist mir im Laufe der Jahre das schon einmal zitierte Wort des evangelischen Theologen Helmut Thielicke so sehr ans Herz gewachsen: „Ich verstehe den Sinn nicht, aber ich glaube an den, der den Sinn kennt."

Aber ist es dann nicht tragisch, dass die christlichen Institutionen unter so einem Glaubwürdigkeitsverlust leiden, dass sie ihre Hoffnungsbotschaft teilweise gar nicht mehr vermitteln können.

Sr. Philippa: Dieser Glaubwürdigkeitsverlust ist tatsächlich dramatisch, eine Tragik, die mich belastet und oft bedrückt. Unsere Kirche wird seit Jahren von vielen Menschen nicht mehr als sinnstiftend und sinnvermittelnd wahrgenommen und beschäftigt sich viel zu sehr mit sich selbst, anstatt die gute, hoffnungsvolle und befreiende Botschaft des Glaubens in die Welt zu tragen und vorzuleben. Das ist fast schon eine

Tragödie. Denn im Moment hungert die Welt ja geradezu nach einer überzeugenden Hoffnungsbotschaft.

Burkhard: Ich erlebe es für mich auch bei uns in den Gottesdiensten in der KHG, dass es solche geschützten Räume braucht, in denen ich zum Beispiel die alten biblischen Zusagen immer wieder höre: „Habt keine Angst! Fürchtet euch nicht." Und diese Worte, die ich mir nicht einfach selber sagen kann, in einer Welt aufzunehmen, in der einem wirklich angst und bange sein kann – und trotzdem entfalten diese Worte ihre Wirkung. Dabei geht es nicht um eine Wirkung im manipulierenden Sinn, sondern sie gründet in dem Vertrauen, dass es hinter allen Dingen eine Ordnung gibt. Ich mit meiner Angst, mit meinem Nichtverstehen fühle ich mich doch letztlich in der Ordnung gehalten. Mir fällt es allerdings schwer, Menschen, die nicht glauben, so eine Erfahrung abzusprechen. Vielleicht erleben das Menschen, die nicht glauben, auf eine andere Weise. Das möchte ich nicht ausschließen.

Aber erfüllen sie dann nicht vielleicht als „anonyme oder säkulare Christen" die christliche Botschaft, ohne es zu wissen oder es so zu benennen?

Sr. Philippa: Das ist ganz sicher möglich. Ich kenne viele sehr gute anonyme und säkulare Christinnen und Christen. Wir dürfen sie allerdings nicht vereinnahmen und sozusagen „für uns" reklamieren. Dagegen würden sie sich mit Recht wehren. Was das „Fürchtet euch nicht, habt keine Angst" betrifft, Burkhard, so ist das ein biblisches Wort, das ich auch immer wieder zitiere und an das ich mich selbst und andere oft erinnere. Es gibt tatsächlich keine Sequenz in der Heiligen Schrift, die so oft vorkommt. Das zeigt, dass die ganze Menschheitsgeschichte durchdrungen ist von Angst und von Ängsten. Es ist ja nicht so, als ob unsere Zeit heute so außergewöhnlich wäre. Konflikte, Spaltungen, Kriege und Katastrophen hat es immer gegeben, zu allen Zeiten. Und genau dort hinein spricht Gott ja diese Worte „Fürchtet euch nicht". Sie sollen und können uns zu Vertrauen und Hoffnung ermutigen. Mir jedenfalls geben diese wenigen Worte immer wieder Kraft, um weiterzugehen. Wir bekommen dabei immer so viel Kraft, wie wir für den nächsten Schritt brauchen. Nicht mehr und nicht weniger. Das genügt mir.

Burkhard: Ich kenne allerdings auch die Momente, in denen meine Ängste überhandnehmen. Ich gebe zum Beispiel zu, dass ich im Blick auf die politischen Entwicklungen in unserem Land sehr konkrete Ängste und wenig Hoffnung habe: Wenn wir erwarten müssen, dass jetzt zum Beispiel in mehreren Bundesländern die AfD mit in die Regierung kommt. Ich merke, dass das eine Form von Angst in mir auslöst, die ich bisher so noch nicht kannte.

Sr. Philippa: Ich habe diese konkrete Angst nicht so sehr. Ich bin überzeugt und vertraue letztlich darauf, dass am Ende die Vernunft siegt, dass wir vielleicht doch aus unserer Geschichte gelernt haben und dass die Mehrheit der Deutschen sich auf die Menschenrechte und die demokratischen Werte besinnen wird, die unser Leben so sehr ausmachen und prägen. Ich spreche darüber auch offen mit Menschen, die der AfD nahestehen oder sie wählen wollen. Und ich erfahre dabei, dass sie dies in der Regel vor allem tun, weil sie auf Missstände aufmerksam machen wollen, weil sie unzufrieden sind mit der gegenwärtigen Politik und nicht, weil sie per se rechtsradikal sind. Ich denke, wir dürfen uns nicht in eine Angst hineinsteigern und wie die Kaninchen vor der Schlange sitzen und erstarren. Es gilt jetzt, wachsam und wehrhaft zu sein, klar und deutlich zu argumentieren und Stellung zu beziehen, und vor allem, nüchtern und sachlich überzeugende und gerechte Politik zu machen und die Sorgen und Nöte der Menschen ernst zu nehmen. Da haben alle Parteien meines Erachtens noch viel Nachholbedarf. Gott sei Dank haben sich unsere deutschen Bischöfe bei ihrer diesjährigen Frühjahrsvollversammlung in Augsburg klar und deutlich zur AfD und zu jeder Art von völkischem Nationalismus positioniert und diesen als unvereinbar mit dem Christentum bezeichnet. Diese unmissverständliche Stellungnahme – die Gott sei Dank auch einstimmig verabschiedet wurde – war ungeheuer wichtig, denke ich. Sie bietet eine klare inhaltliche Begründung und damit hoffentlich auch manchen Wählerinnen und Wählern Orientierung.

Und da ist Hoffnung natürlich auch ein gutes Gegengift, denn diese Kreise und Parteien profitieren ja von der Hoffnungslosigkeit, oder?

Sr. Philippa: Durchaus. Allerdings sind die Not und die Ängste vieler Menschen ganz real da. Und die müssen wir ernst nehmen.

Burkhard: Und auch ich erlebe es als tragisch – wie du es sagst, Philippa –, dass im Grunde eine Kirche, die dieses Hoffnungspotential auch in der Gesellschaft mobilisieren und stärken könnte, da gerade ausfällt. Ich würde es mir so sehr wünschen, dass die biblische Botschaft von einer Welt, in der Friede und Gerechtigkeit ohne Waffengewalt hergestellt werden, mehr Gehör finden könnte. Ich würde mir wünschen, dass die prophetische Tradition der Bibel, die immer wieder gesellschaftliche Ungerechtigkeit anprangert und sich klar auf die Seite der Benachteiligten stellt, dazu beitragen könnte, dass Menschen eine Hoffnung auf eine Veränderung der Verhältnisse entwickeln könnten. Das wird aber nur gelingen, wenn Menschen innerhalb und außerhalb der Kirche denen, die diese Botschaft transportieren, vertrauen. In meinem Umfeld merke ich, dass dieses Vertrauen zur Kirche als Institution weitgehend verloren gegangen ist.

Sr. Philippa, du hast vom Bleiben, wenn es schwierig wird, gesprochen. Da werden die Hoffnung und der Glaube nochmal ganz konkret?

Sr. Philippa: Das Bleiben ist für mich immer ein sehr wichtiges Motiv. Jetzt erst recht müssen wir bleiben: in Verbindung mit Gott und seiner Wegweisung, in Verbindung mit Christus, der uns lehrt, wie menschenwürdiges Zusammenleben funktionieren kann, in Verbindung untereinander als wirkliche Schwestern und Brüder und auch in Verbindung mit der Kirche, die die christliche Botschaft über 2000 Jahre weitergegeben hat und die so sehr ins Straucheln geraten ist.

Ich meine auch bei jemand bleiben in einer schwierigen Situation.

Sr. Philippa: Das Bleiben und die Treue gilt für mich immer, gerade in schwierigen Lebenssituationen. Das gilt in Bezug auf den einzelnen, auf Ehen, Partnerschaften und Freundschaften, aber auch in Bezug auf Gruppen, Gemeinden und Gemeinschaften und eben auch in Bezug auf unsere Kirche als Ganzes, die sich derzeit in einer so tiefgreifenden Krise befindet. Weggehen ist daher für mich keine Option.

Burkhard: Und für mich bedeutet dieses Bleiben auch keine Zustimmung zu den Missständen. „Warum bleibt ihr und geht nicht?" – das ist für mich eine falsche Alternative. Also das Bleiben bedeutet nicht: Es soll alles so bleiben, wie es ist.

Sr. Philippa: Da bin ich ganz deiner Meinung. Wenn alle, die sich für Veränderungen und Reformen einsetzen, gehen würden – wer bleibt dann noch? Dann überlassen wir unsere Kirche denjenigen, die sich jeder Erneuerung und Veränderung verweigern und lassen die vielen im Stich, die trotz allem unermüdlich dabeibleiben und weiterkämpfen.

Wenn ich mir jetzt eine Leserin oder einen Leser vorstelle, die/der am Wanken ist. Wie bringe ich sie oder ihn dazu, die Hoffnung nicht zu verlieren und neue, stärkende Erfahrungen zu machen?

Sr. Philippa: Ich denke, zum einen ist es wichtig, sich nicht auf das Negative zu fixieren, sondern sich bewusst auch an gute Erfahrungen zu erinnern, die es ja immer auch gibt. Diese Erinnerungen gilt es lebendig zu halten und nicht zu vergessen. Ein weiterer Punkt wäre, Netzwerke zu bilden, Menschen zu suchen, die mit mir gemeinsam unterwegs sind und gemeinsame Ziele verfolgen. Ebenso wichtig erscheint es mir aber auch, für Menschen offen zu sein, die mir neue und andere Perspektiven und Sichtweisen eröffnen. Wir neigen dazu, einseitig zu sehen und die Dinge nur aus unserem eigenen Blickwinkel zu betrachten. Wenn ich im Gespräch versuche, Menschen durch Nachfragen dazu zu bringen, das Ganze auch einmal anders zu sehen, dann kann sich sehr schnell ein Perspektivwechsel einstellen, der den Horizont weitet. Das ist für mich zum

Beispiel auch eine wichtige Aufgabe in der geistlichen Begleitung.

Bei uns im Kloster ist es üblich, dass jede Schwester sich bei ihrer Profess ein Leitwort für ihr Leben sucht – ein biblisches Wort oder auch eines aus der Benediktsregel. Meines lautet „*Domine ut videam* – Herr, dass ich sehe“, ein Wort des blinden Bettlers Bartimäus aus dem 10. Kapitel des Markusevangeliums, Vers 51. Das ist mein Leitmotiv, das mich durch mein klösterliches Leben trägt. Da passiert nämlich genau das: Wieder sehen können, bedeutet in diesem Fall auch, neu sehen lernen, ein und dasselbe aus anderer Perspektive zu sehen beginnen. Erst dann komme ich meinen eigenen Blindheiten auf die Spur, den berühmten blinden Flecken, die wir ja alle haben. Die Welt und mich selbst anders sehen lernen. Wenn man so will: mit den liebenden, gerechten und barmherzigen Augen Gottes. Das ist für mich ein Lebensprogramm, das mir auch immer neue Hoffnungsperspektiven schenkt.

Burkhard: Bei vielen Veranstaltungen haben wir, du, Philippa, und ich, es häufig mit Menschen zu tun, die augenblicklich sehr unter der kirchlichen Situation leiden, die entweder hoffnungslos oder zumindest zutiefst verunsichert sind. Ich höre dann oft den Satz – und du, Philippa, sicherlich auch: „Weil du da noch dabei bist, bleibe ich auch.“ Das ist etwas durchaus Zwiespältiges, weil ich an dieser Stelle nicht gern für andere die Verantwortung übernehmen will und auch nicht gerne zu einer gewissen Projektionsfläche für Hoffnungen, die nicht meine sind, gemacht werde. Aber ich habe mit der Zeit auch entdeckt, dass in so einem Satz etwas drinsteckt, das ich annehmen kann, weil sich darin auch wieder Verbundenheit ausdrückt. Und mir geht es ja auch so: Weil du dabei bist in der Kirche, Philippa, bin ich es auch. Natürlich nicht nur deshalb, aber das trägt dazu bei, dass ich Hoffnung habe und dabeibleibe. Ich kenne das auch aus Gottesdiensten, wo wir ja immer wieder – zum Beispiel auch in Fürbittgebeten – ein Mittragen und Getragen-Werden erleben. Es hat eine Bedeutung, dass mich andere mittragen. Auch das bedeutet im besten Sinne für mich Kirche-Sein.

Sr. Philippa: Das geht mir genauso. Da fällt mir ein Buchtitel von Elisabeth Lukas ein: *Binde deinen Karren an einen Stern.* Das heißt: Häng dich an jemanden, der noch Hoffnung hat, der diese Hoffnung verkörpert und ausstrahlt und sie konkret mit seinem Leben bezeugt. Das bekommen wir beide tatsächlich oft gesagt und zugeschrieben, Burkhard. Mir ist das eher peinlich, deshalb habe ich es noch gar nicht eigens erwähnt. Das bekommt man nach jedem Vortrag von verschiedenen Menschen als Rückmeldung: „Weil Sie so eine Hoffnung ausstrahlen, bleibe ich jetzt auch erst einmal dabei und mache weiter." Und das ist schon der erste und wichtigste Schritt. Ich empfinde das manchmal als Überforderung, aber dann denke ich immer an diesen Buchtitel: *Binde deinen Karren an einen Stern.* Genau das habe ich in Krisensituationen in meinem Leben auch oft getan, und es hat mir immer geholfen, aus scheinbar hoffnungslosen Situationen wieder herauszufinden.

Burkhard, du hattest in unserem Gespräch von Verbündeten, neuen Verbündeten, die man finden kann, gesprochen. Ist das auch ein Kennzeichen einer wachsenden Kirche, das man auch jetzt wahrnehmen kann?

Burkhard: Ja, das meine ich mit dem etwas frechen Ausdruck „Banden bilden". Das gefällt mir, weil es eben kein so verbrauchter Wortschatz ist.

Sr. Philippa: Banden? Das erinnert mich an meine Kindheit. Wir hatten schon in der Grundschule im ersten Schuljahr eine Bande, genauer gesagt eine Mädchenbande. Mit der haben wir uns erfolgreich zur Wehr gesetzt gegen übermächtige Jungs (lacht). Schon damals haben wir die Erfahrung gemacht, dass man – und eben auch frau – nur gemeinsam stark ist.

Aber es ist ja auch ein schönes Bild, wenn es mehr Hoffnungssuchende und Tragende gibt: Irgendeiner hat gerade immer so viel Hoffnung, dass er die anderen mitnehmen kann und ihr Stern sein kann. Da braucht es vielleicht auch neue Formen von Vergemeinschaftung. Aber wo finde ich Verbündete? Wie gehe ich dann weiter mit? Vielleicht kann man auch eine andere Art der Wahrnehmung anbieten?

Burkhard: Mein Verständnis davon, was für mich Kirche bedeutet, hat sich tatsächlich in den Jahren, in denen ich auch stark zivilgesellschaftlich engagiert war, noch einmal geweitet und ist damit auch tragfähiger geworden. Ich habe so viele tolle Menschen – außerhalb und innerhalb der Kirche – kennenlernen dürfen. Und mit diesen Menschen ergeben sich neue Verbindungen und Erfahrungen von Zugehörigkeit. Das macht mir Hoffnung. Ich habe gar nicht das Gefühl, dass „meine Kirche“ schrumpft, im Gegenteil.

Stichwort „unbegrenzt“ – sollten wir da auch einfach mehr Weite zulassen und breiter säen?

Sr. Philippa: Mein Ziel ist es, Menschen zu motivieren, aus ihrer Isolation herauszukommen und den Kontakt mit anderen Menschen zu suchen, auch mit Andersdenkenden, und damit Grenzen zu überschreiten. Ich glaube, das ist eine Gefährdung, die wir noch zu wenig wahrnehmen. Dass wir uns zu viel in den eigenen Blasen bewegen und so die eigene Meinung immer nur bestätigt bekommen. Solche Blasenbildung verhindert echte Gemeinschaft und eine offene Gesprächskultur. Auch sagen heute viele: Ich bin so vereinsamt und allein – die Einsamkeitsdebatte ist ja im Moment auch in der Gesellschaft und in der Politik angekommen. Aber dabei handelt es sich auch oft um eine selbstgewählte oder indirekt selbst verursachte Einsamkeit, um Rückzug im unguten Sinne. Ich versuche dagegen, Menschen, die darunter leiden, zu motivieren, aktiv auf andere zuzugehen und nach neuen Gemeinschaftsformen zu suchen. Das können Vereine und Verbände sein, aber auch neue offenere Formen des Zusammenseins. Das Wichtigste bei Vortragsveranstaltungen ist für mich deshalb oft, dass sich hinterher Gespräche aller Art ergeben. Da stehen nicht selten Leute zusammen, die einen kurzen Austausch suchen oder ein Buch signiert haben möchten. Man/frau kommt in kleinen Gruppen ins Gespräch. Mit Menschen, die sich vorher nicht kannten, die sich erst jetzt kennenlernen und spontan Kontakt zueinander finden. Ich merke, dass da ein Bedürfnis und eine Bereitschaft da ist, aufeinander zuzugehen und sich später auch in kleinem Kreis weiter zu treffen.

So können aus einem Abend neue Formen von Gemeinschaft entstehen. Ich kenne auch Gruppen, die sich inzwischen außerhalb der Kirche und außerhalb der klassischen Gemeinden treffen, in Hauskreisen und Hauskirchen. Das sind zum Teil Menschen, die früher sehr engagiert waren in den Kirchengemeinden, aber auch ganz andere, Menschen, die auf der Suche sind, oft zufällig aufeinandertreffen, die sich dann gegenseitig befruchten und ermutigen und daraus neue Hoffnung schöpfen. Da geschieht sehr viel, von dem die offizielle Kirche bisher leider nur am Rande Notiz nimmt. Das gilt es zu ermutigen und zu stärken. So hat es einst vor 2000 Jahren ja auch angefangen, in der Urkirche, in den ersten christlichen Gemeinden, die sich in den Häusern trafen, sehr oft im Übrigen initiiert von Frauen, die ja meist die besseren Netzwerkerinnen sind. Genau dazu zu ermutigen, ist eine wichtige Aufgabe für uns, die wir durch unsere Veranstaltungen so viele Menschen erreichen. Erst kürzlich bekam ich wieder einen Brief von einer kleinen Gruppe, die sich auf diese Weise gefunden hat und die nun regelmäßig zusammenkommt und miteinander unterwegs ist. Das ist für mich eine sehr schöne Erfahrung.

Schöne Hoffnungs-Keimzellen.

Sr. Philippa: Ja, das sind Keimzellen der Hoffnung, deren Bedeutung wir nicht unterschätzen dürfen. Vielleicht zeigt sich hier schon am Horizont die Kirche von morgen.

Burkhard: Das Heraustreten, vielleicht sogar das Herausgerufen-Werden aus der Vereinzelung war für mich in den letzten Jahren die entscheidende spirituelle Erfahrung, die ich persönlich zum Beispiel mit #OutInChurch verbinde. Gerade diskriminierende Systeme geben dir immer das Gefühl, dass du die einzige Person bist, die ein „Problem“ hat oder „Probleme“ macht. In dem Moment, wo du heraustrittst und dich mit anderen verbindest, entsteht eine ungeheure Kraft. In der Bewegung #OutInChurch hat sich das zu der Gewissheit entfaltet: Wir sind nicht eine Randerscheinung, sondern wir sind Kirche, im vollen Sinn.

Da passt ihr beide so wunderbar zusammen, weil ihr beide im Grunde Geburtshelfer:innen für so viele Menschen seid, aus dieser Vereinzelung herauszutreten. Ihr habt beide mit euren Büchern und Projekten so viele, die sich vereinzelt fühlten, aus dieser Einsamkeit geholt, sie verbunden und zu einer neuen Gemeinschaft zusammengefügt. Du, Philippa, die Frauen, die sich zur Priesterin und Diakonin berufen fühlen und die dachten, sie seien allein damit. Und du, Burkhard, hast das mit queeren Personen in der Kirche getan.

Sr. Philippa: Das Interessante ist – zumindest in meinem Fall (ich glaube, das war bei #OutInChurch etwas anders): Dieser Effekt, nämlich Geburtshelferin neuer Formen von Gemeinschaft zu werden, war ursprünglich gar nicht angezielt. Es war anfangs zum Beispiel keineswegs meine Motivation oder mein Ziel, ein Frauennetzwerk auf die Beine zu stellen. Das hat sich von selbst ergeben, als ein wunderbares Nebenprodukt sozusagen. Das ist für mich auch eine hoffnungsfrohe Bestätigung dessen, dass da einer ist, der die Fäden in der Hand hält und selbst aus dem Nichts oder aus ganz Wenigem, in meinem Fall aus einer einzigen Mail an zwölf Frauen, etwas Großes wachsen lassen kann. Ich bin selbst immer noch erstaunt und unglaublich dankbar, zu sehen, was sich da entwickelt hat, wie viel an Kraft und Ermutigung das für die 150 Autorinnen unseres „Frauenbuches“ mit sich gebracht hat. Und auch für viele andere Frauen, die sich später an diesen „Karren“ angebunden haben. Der Nebeneffekt war also viel größer und bedeutungsvoller, als die ursprüngliche Intention es je war. Wenn das kein Zeichen göttlicher Präsenz ist.

Burkhard: Ich habe vorhin ein bisschen gestutzt, als du, Johanna, gesagt hast, wir seien Geburtshelfer. So möchte ich mich eigentlich gar nicht bezeichnen. Ich verstehe mich eher als Teil eines Prozesses, den ich mehr miterlebt als herbeigeführt habe. Was ich zum Beispiel überhaupt nicht erwartet hatte bei #OutInChurch: dass es eine spirituelle Erfahrung werden würde. Das war für mich eine Überraschung. Und für manche andere, glaube ich, auch. Oder dass Menschen, die selber nicht queer sind, so positiv auf diesen Film reagiert haben und mir später bei Veranstaltungen sagten: „Als im Film dann diese Portraits der 120 Personen erschienen, da dachte ich: So tolle Leute sind in der Kirche!“ Mit einer solchen Reaktion hatte ich vorher nicht gerechnet. Immer stärker hat sich so unter uns die Haltung entwickelt: Wir bitten nicht um Anerkennung, sondern wir feiern, dass es uns gibt und dass wir Kirche sind, unabhängig davon, ob uns die institutionelle Kirche anerkennt. Da hat sich für mich etwas Grundlegendes in der eigenen Wahrnehmung und im Selbstbewusstsein verändert. Und das geht nicht alleine. Es hat was mit der Gemeinschaft, aber auch mit einem Ereignis zu tun, was da passiert.

Aber ich glaube, die Kunst war, dass ihr beide exakt die aktuell „Aussätzigen“, Marginalisierten in die Mitte gerückt habt und die wunden Punkte der Gegenwart und die besonders Verwundeten innerhalb der Kirche in den Blick genommen habt. Ich glaube, das war eben die große Kunst. Und dass dann so etwas gewachsen ist aus eurer Saat, das ist wirklich – vielleicht – Fügung.

Sr. Philippa: Ich glaube tatsächlich, dass da viel Führung und Fügung im Spiel war. Das Entscheidende, das wir nicht vergessen dürfen, ist dabei aber, dass wir uns führen lassen, dass Offenheit und Verfügbarkeit da sind. Ich erinnere mich noch gut, dass eines der wichtigsten Themen unserer verstorbenen Altäbtissin Edeltraud Forster war, dass wir als Benediktinerinnen unser Leben lang verfügbar und damit flexibel bleiben müssen. Verfügbar für einen je neuen Anruf Gottes und verfügbar für die je neuen Bedürfnisse der anderen und der Gemeinschaft. So habe ich mein Sein und Wirken auch immer verstanden. Ich kann viele noch so hehre Ziele haben – und dann passiert etwas – und ich gehe nicht darauf ein, weil mir meine hehren Ziele wichtiger sind als der Anruf des Augenblicks. Dann bin ich eben nicht mehr verfügbar und lebe nicht in der Präsenz Gottes. Früher nannte man das schlicht „sich vorbehaltlos in Dienst nehmen lassen“. Für manche mag das altmodisch klingen. Für mich ist das als innere Haltung nach wie vor ganz aktuell.

Burkhard: Was für mich ganz wesentlich noch dazukommt, und was ich ausdrücklich mit dir verbinde: Zum Hoffnung-Geben gehört auch, dass daraus Geschichten entstehen. Also zum Beispiel deine „Gründungserzählung“ – die Situation in der Kaffeepause bei der ersten Synodalversammlung, die du ja immer wieder erzählst.

Sr. Philippa: Das ist fast schon mein Mantra (lacht), sozusagen der Gründungsmythos all dessen, was danach ins Rollen kam. Aber es ist tatsächlich so gewesen. Diese kurze Begegnung mit zwei Bischöfen in der Kaffeepause der ersten Synodalversammlung in Frankfurt war die Initialzündung für alles, was in den nächsten Jahren folgte.

Burkhard: In dieser Situation ist, so deute ich es, ein Anruf, ein Herausgerufen-Werden passiert.

Sr. Philippa: Das stimmt. Aber, was mir im Hinblick auf unser Buch noch sehr wichtig ist, ist neben den Stichworten Hörbereitschaft und Verfügbarkeit das „Alle Grenzen überschreiten", das im Titel zum Ausdruck kommt. Hoffnung ist immer radikal offen auf Zukunft hin. Wir denken zu oft in Schablonen, in Denkmustern oder in ganz bestimmten Geleisen. Den Mut zu haben, aus diesen vorgefertigten und vorgegebenen Wegen auszusteigen, Grenzen zu überschreiten und mich ins Offene vorzuwagen, war und ist für mich selbst auch immer wieder ein Weg der Befreiung. Das habe ich auch in der Rezeption unserer Bücher in meinem Konvent wahrgenommen. Auf einmal wurden Grenzen des bisherigen Denkens überschritten. Auch von Mitschwestern, die Jahrzehnte ganz anders gedacht haben. Warum sollte nicht eines Tages eine unserer Mitschwestern am Altar stehen und die Eucharistie feiern? Das war für viele vorher undenkbar. Und jetzt auf einmal wurde diese Grenze durchlässig. Jetzt stehen wir an einer Schwelle und überlegen: Ja, was machen wir denn jetzt damit? Wie gehen wir damit um? Sollen wir uns weiter jeden Tag bemühen, einen Priester am Altar zu haben, oder könnte es nicht auch anders gehen? Inzwischen haben wir ein Modell für eine Wortgottesfeier entwickelt, damit wir gerüstet sind für den Fall, dass ein Zelebrant nicht zur Verfügung steht oder zu spät kommt. Dieses Modell ist inzwischen schon mehrfach zum Einsatz gekommen. Und siehe da: Inzwischen können sich nicht wenige durchaus vorstellen, eine solche Wortgottesfeier auch mehrmals in der Woche zu feiern. Das alles sind Dinge, die so vor Erscheinen des Buches „*Weil Gott es so will*" nie Thema waren. Auf einmal liegt nun ein offener Weg vor uns. Manchen von uns, die sich ihr geistliches Leben nur sehr schwer ohne tägliche Eucharistiefeier vorstellen können, macht das natürlich Sorgen. Für mich und für andere aber, die mehr auf das klösterliche Stundengebet ausgerichtet sind, ist diese Entwicklung tatsächlich ein Weg ins Offene hinein. So viel zum Thema „Alle Grenzen überschreiten". Das soll nun aber keineswegs heißen, dass ich alle unsere liturgischen Traditionen über Bord werfen möchte. Eines aber müssen wir bedenken: Angesichts des immer bedrohlicher werdenden Priestermangels werden wir in den Frauenklöstern irgendwann zwangsläufig neue Formen finden müssen. Es sei denn, dass das Priesteramt in absehbarer Zeit für Frauen geöffnet wird – worauf ich natürlich immer noch und immer neu sehr hoffe.

Burkhard: Daran mag ich gerne anknüpfen. Ich fühle mich in Würzburg mit den Augustinern verbunden und habe über dieses Gefühl der Zugehörigkeit auch einiges von Augustinus, der ja durchaus eine sehr vielschichtige Persönlichkeit ist, aufgenommen. Es gibt ein Wort, das ihm zugeschrieben wird und das für mich immer wieder herkömmliche Grenzen oder Denkmuster überschreiten hilft: „Liebe und dann tu, was du willst." Das Wichtigste ist die Liebe. Das ist natürlich ein großes Wort und vielleicht zunächst auch zu wenig konkret. Als wir allerdings vor Jahren in der KHG ein Kirchenasyl gewährt haben, da wurde es sehr konkret – sowohl im Blick auf die Nächstenliebe als auch hinsichtlich der Überschreitung gesetzlicher Grenzen, die damit verbunden war. Ich habe mich damals durch einen pensionierten Richter beraten lassen, der mich bestärkt hat: „Lassen Sie sich nicht irgendwie auf juristisches Glatteis ziehen. Sie tun das, weil Sie aus einer christlichen Haltung heraus einem Menschen helfen, der da in Not ist. Bleiben Sie dabei."

Sr. Philippa: Menschen in Not, Marginalisierten, Diskriminierten, Entrechteten, Geflüchteten und Kriegsopfern Hilfe zu leisten, ist für mich immer ein Gebot der Stunde, ein Zeichen konkreter Nächstenliebe. Aber auch für die Helfenden selbst kann das eine große Bereicherung sein. Diese Erfahrung durften wir jedenfalls in unserer Gemeinschaft machen. Wir haben seit 2015 ununterbrochen Flüchtlingsfamilien beherbergt. Zu Beginn lebte eine syrische Familie bei uns, die inzwischen voll integriert ist, danach kam eine armenische Familie und jetzt sind es ukrainische Frauen aus drei Generationen, die als Dauergäste bei uns leben. Sogar ein Kind ist bei uns geboren worden! Die Begegnung mit anderen Kulturen, mit anderen Religionen und Konfessionen, mit anderen Menschen einfach, ist für uns in diesen Jahren sehr wichtig geworden. Auch hier wurden Grenzen des Denkens und Fühlens überwunden, Toleranzgrenzen erweitert, Neugier, Offenheit und Solidarität gefördert und zunächst fremd Erscheinendes langsam vertrauter. Am Ende stand die bereichernde Erfahrung, wie sehr uns das zutiefst Menschliche miteinander verbindet. Das alles sind für mich Samenkörner der Hoffnung auf eine friedlichere Welt.

Wie ist das mit der Weite im Kloster? Sind die Vorgaben Grenzen oder eher Leitplanken?

Sr. Philippa: Ich habe schon erzählt, dass ich seinerzeit ein Kloster gesucht habe, das Weite atmet – sowohl das Gebäude als auch die einzelnen und die Gemeinschaft. Unser Haus atmet in seiner schlichten neoromanischen Architektur eine solche Weite. Aber das Wichtigste war mir, eine Gemeinschaft zu finden, die ein weites Herz hat und in der ein weiter Geist weht. Wo ich jede Mitschwester schon aus der Entfernung von der anderen unterscheiden kann, obwohl alle das gleiche Ordenskleid tragen. Das war mir ungeheuer wichtig. Ich habe mir, wie gesagt, viele Klöster angeschaut, bevor ich dann doch wieder an den Ausgangspunkt meiner Suche zurückgekehrt bin. Deshalb war das Stichwort Weite für mich immer von großer Bedeutung. Auf der anderen Seite kann ich aber auch dem begrenzten Raum der Klausur, die ja heute ganz anders und viel offener gelebt wird als früher, vieles abgewinnen. Für ein geistliches Leben in Gemeinschaft braucht es diesen Schutzraum, so wie auch jede Familie ihren Schutzraum braucht. Daneben ist mir der heilsame Rhythmus von Gebet, Arbeit und Lesung, von Einsamkeit und Gemeinschaft, der vorgegeben ist und in den ich mich einfüge, sehr wichtig. Weite und Begrenzung sind für mich also keine Gegensätze. Es sind zwei Seiten einer Medaille, die sich ergänzen und gegenseitig bereichern. Genauso wie die Spannungseinheit von Freiheit und Bindung. Nur wer sich binden kann, ist wirklich frei. Davon bin ich überzeugt. Inzwischen kenne ich sehr viele Klöster und Ordensgemeinschaften. Und ich gestehe, dass ich an keinem anderen Ort leben möchte. So kann ich auch in diesem Punkt in der Rückschau sagen: Gott hat mich hierhergeführt. Dies ist mein Ort, dies ist mein Leben. Und es ist gut so. Ich bin dankbar, dass ich das nach 34 Jahren so sagen kann. Da kommt auch das Thema Bleiben wieder ins Spiel. Würde ich die Kirche verlassen, würde ich automatisch exklaustriert und von meinen Gelübden entbunden. Dann wäre mein klösterliches Leben, das ich so liebe, ein für alle Mal zu Ende.

Burkhard: Wenn ich aus der Kirche austreten würde, würde ich die KHG verlieren, was für mich tatsächlich zunächst der größte Verlust wäre. Weil die Hochschulgemeinde längst für mich ein Erfahrungsraum ist, der auch jenseits der Institution eine Bedeutung hat für mein Leben. Wenn du, Philippa, sagst, es gebe jetzt kein anderes Kloster, das du dir vorstellen könntest – so sage ich, ich wüsste im Moment nicht, wo ich sonst arbeiten wollte als in der KHG. Ich habe einen guten Ort für mich gefunden. Ich musste vorhin daran denken, wie du davon gesprochen hast, dass viele Menschen mit Kloster alles andere als den Begriff Weite verbinden: Ich habe viele Freundinnen und Freunde im Kloster und ich erlebe viele von ihnen als ausgesprochen weit! Und ich glaube auch, dass die KHG für mich ein gewisser Schutzraum ist, der mir gerade deshalb Weite ermöglicht. Vielleicht braucht es grundsätzlich für Menschen in der Kirche oder für die, die einen neuen Platz suchen, mehr solcher sicherer Orte.

Sr. Philippa: Sichere Orte. Ich sprach schon mit Johanna über diese Safe Spaces. Sichere Räume und sichere Orte sind heute ja schon fast zum Luxusgut geworden. Millionen und Abermillionen von Menschen haben keine Safe Spaces mehr, sind auf der Flucht, heimat- und schutzlos. So braucht es heute mehr denn je Menschen, die einfach da sind und anderen Schutzräume bieten. Für mich selbst ist zunächst meine Gemeinschaft der Schutzraum. Aber der entscheidende innere Schutzraum ist für mich das Gebet. Das Stundengebet und das persönliche Gebet. Dorthin kehre ich immer wieder zurück. Dort ist mein Zuhause. In gewisser Weise gehört das auch zur Nachfolge. Jesus hatte auch keinen Schutzraum, keinen Ort, wo er sein Haupt hinlegen konnte, wie es im Lukasevangelium heißt (Lukas 9,58). Auch sein Safe Space war das Gebet, die innige Verbindung zum Vater. Das ist auch ein sehr wichtiges Motiv in der Mönchstradition. In der Lebensbeschreibung des heiligen Benedikt (Kapitel III, 5) heißt es an einer Stelle: „Er wohnte in sich selbst" und „Er kehrte in sich selbst zurück". Wir müssen also in uns selbst, in unserem innersten Innern, einen Safe Space formen und pflegen. Bei sich selbst zu Hause sein. Das möchte ich gerne den oft so gehetzten, rastlosen und unruhigen Menschen unserer Zeit vermitteln. Damit meine ich allerdings keineswegs ein bloßes warmes, wohliges Nest, einen problem- oder konfliktfreien Raum. Jeder, der die Bibel kennt und vor allem auch die Psalmen, die ja unser tägliches Brot sind, weiß, was in diesen Texten, Liedern und Gebeten alles passiert. Sie spiegeln das gesamte Leben mit all seinen Facetten wider: einerseits Geborgenheit in Gott, Freude, Glück, Erfüllung, Sehnsucht und Hoffnung, andererseits aber auch Krieg, Gewalt, Tod, Aggression, Wut, Neid, Eifersucht und vieles mehr. Es gibt nichts, was den Psalmen fremd ist und dort nicht zur Sprache kommt. Alles darf sein. Alles gehört zum Leben und darf Gott hingehalten werden. Auf dass er es verwandeln möge. Gerade in der heutigen Zeit, in unserer so unfriedlichen, unbehausten, gespaltenen und zerstörerischen Welt ist das so wichtig. Für mich sind die Psalmen deshalb auch Trostworte und Trostlieder. Hoffnungszeichen, die zeigen, dass Gott aus allem Neues schaffen kann, einen neuen Himmel und eine neue Erde, wie es im letzten Kapitel des letzten Buches der Bibel heißt (Offenbarung 21,1).

Burkhard: Da kann ich gut anschließen, weil für mich die Bibel an sich auch ein Schutzraum ist. Ich lebe aus dieser Erfahrung, dass mir die biblischen Texte Sicherheit und Unabhängigkeit garantieren. Wenn man die Bibel als Raum bezeichnen könnte, dann würde ich fast sagen, dass sie für mich auch so etwas wie ein hierarchiefreier Raum ist, weil ich mich darin bewegen kann, ohne dass mir jemand sagt, wo ich langgehen muss. Ein innerer Raum, der ganz wichtig für mich ist.

Und gleichzeitig gefällt mir auch in diesem Raum nicht alles, was ich dort antreffe. Da geht es mir so wie dir, Philippa. Ich komme auch deswegen auf Schutzräume oder sichere Orte zu sprechen, weil in der Rassismuskritik oder gerade in queeren Kontexten sehr häufig davon die Rede ist, wie wichtig diese Safe Spaces sind. Wir haben mit #OutInChurch einen Adventskalender auf Instagram initiiert, bei dem wir Menschen eingeladen haben, den Satz zu ergänzen: „Ich erwarte mir …“ oder „Ich warte auf …“. Mehrfach schrieben Menschen den Satz: „Ich warte darauf, dass Kirche ein sicherer Raum für mich wird“ oder „Dass der Gottesdienst ein sicherer Ort für mich ist.“

Sr. Philippa: Das ist bewegend. Ich würde gerne hinzufügen, dass die Kirche als Institution zwar für viele heute kein Safe Space mehr ist, wohl aber Kirchenräume als solche es sein können. Dass da zum Beispiel auf einmal wieder vermehrt Menschen in unsere Kirche kommen, eine Kerze anzünden, verweilen, still dasitzen, sich anschauen und umarmen lassen von dem monumentalen Christus in der Apsis. Menschen, die sich dann auch einfach hineinfallen lassen und eintauchen in unseren lateinischen Choralgesang. Ohne dass sie etwas verstehen, ohne dass sie christlich oder gar katholisch sind, fromm oder auch nur irgendwie gläubig. Das ist für mich immer wieder ein Wunder. Ein einzigartiger Safe Space also. Wir als Kloster haben da, ohne dass wir das auch nur ahnen, noch einmal einen ganz neuen Auftrag für die Welt und für die Menschen unserer Zeit.

Ist das dann auch der Ort, in unserem innersten Kern, wo wir Gott begegnen können?

Sr. Philippa: Wenn Gott es will, ja. „Gott wohnt, wo man ihn einlässt", hat Martin Buber einmal gesagt. Dem ist eigentlich nichts hinzuzufügen.